Die Psychologie des bürgerlichen Individuums

Resultate Gesellschaft für Druck und Verlag wissenschaftlicher Literatur GmbH, Barer Str. 60, 8000 München 22

Verantwortlich: Dr. Karl Held

Druck: HBM-Druck GmbH, Kobergerstr. 37, 8500 Nürnberg 10

Vertrieb: MHB Gesellschaft für Druck und Vertrieb wissenschaftlicher Literatur mbH, Amalienstr. 67 Rgb., 8000 München 22

ISBN 3—922935—00—1

INHALT

EINLEITUNG

An psychologischen Theorien über das, was man selbst, ein anderer oder „die Masse" tut, fehlt es wahrlich nicht. Was die Psychologie als wissenschaftliche Disziplin so über die innere Menschennatur in Umlauf gesetzt hat, erfreut sich über den Kreis der Fach-Leute hinaus einer ungeheuren Popularität. Mit der Anwendung ihrer Grundsätze verschafft sich mancher „Einblick" in die tieferen Beweggründe menschlichen Treibens — im beruflichen Alltag, in Sport und Spiel, in der Politik und in den schönen Künsten —, und nicht selten verspricht man sich vom Einsatz psychologischer Weisheiten auf sich und andere einigen Erfolg. Psychologie ist in allen ihren Spielarten „in" — und was es da nicht alles gibt von der „seriösen" Therapie, die als kunstvoll erlerntes Handwerk zum Beruf geworden ist, über Zeitschriften, die sämtliche Regungen der modernen Menschheit als psychologischen Fall betrachten, bis zum praktischen Wegweiser für Ängstliche, die Fortschritte in ihrer Karriere oder in der „Kunst des Liebens" machen möchten!

Dabei sind die Grundsätze des psychologischen Denkens so einfach wie verkehrt.

Das erste Prinzip besteht darin, den Bemühungen und Taten der Individuen ihren objekten Inhalt und Zweck abzustreiten. Stets handelt es sich, ergreift ein Psychologe das Wort, um eine Auseinandersetzung der Leute *mit sich selbst*, mit ihrer Natur zugehörigen Kräften und Instanzen, die aber ihre Wirkung so tun, daß sie der Kontrolle des bewußten Willens ganz oder teilweise entzogen sind. So gegensätzliche Schulen wie die Psychoanalyse und die Verhaltenstheorie werden sich da lässig einig. Für einen Freud war es kein Problem, die literarischen Erzeugnisse eines Dostoevskij aus seinem Seelenleben samt Kindheit zu deduzieren; ihm waren Liebe und Arbeit, Studium und Kommunismus gleichermaßen als Strategien zur Vermeidung von Unlust geläufig. Und einem Skinner erscheinen Denken und Sprechen, Staat und Religion als lauter Sonderfälle von durch allerlei Variable bedingtem Verhalten, von Prozessen und Mechanismen, die außer dem Verhaltenstheoretiker keiner kennt.

Das zweite Prinzip ist damit schon benannt. Der Mensch mag meinen, er hätte eine Vorstellung von sich und der Welt, würde sich Zwecke setzen und dafür Mittel suchen und schaffen; er mag sich einbilden, einen Verstand nicht nur zu haben, sondern ihn auch ständig zu gebrauchen — die Psychologie belehrt ihn eines anderen: Der *freie Wille* ist eine Fiktion, *es gibt ihn nicht*. Aus den in der Tat recht widersprüchlichen bis idiotischen Leistungen des freien Willens verfertigt ein Psychologe genüßlich die Warnung, man solle die „Rolle des Bewußten" nicht überschätzen — so Freud —, und „erklärt" das gesamte Treiben der Menschheit als unkontrollierte Äußerung von „unbewußten" und „unterbewußten" Kräften. Dabei stört ihn auch nicht die Logik; dem „Unbewußten" unterschiebt er ohne große Umstände Leistungen des Urteilens, Schließens und der Verstellung, die den bewußt-berechnenden Umgang eines denkenden Subjekts mit der Welt auszeichnen. Die Verhaltenstheorie ist gleich so frei, explizit gegen „mentale Konzepte" zu Felde zu ziehen und einen „Willen" per Anführungszeichen für nicht existent zu erklären, weil eine „wissenschaftliche Betrachtung des Menschen" eben voraussetze, daß „Verhalten gesetzmäßig und determiniert" sei. Womit ein Skinner sehr direkt auf das Ergebnis zusteuert, das sich auch am anderen Ende des Spektrums psychologischen Denkens einstellt: Ein psychologisch geschulter Kopf und nur er allein kennt die wahren Gründe und geheimnisvollen Hintergründe dafür, daß die Leute arbeiten und essen, spielen und lieben, gehorchen und Verbrechen begehen — während die übrige Menschheit meint und darin irrt, sie würde eben all den bestimmten Tätigkeiten nachgehen, die ihr den lieben langen Tag obliegen oder fällig scheinen.

Das dritte Prinzip besteht ganz einfach darin, daß die Psychologen ganz offiziell *gegen jede Erklärung* von Empfindungen und Gefühlen, von Bewußtsein und Sprache eben des freien Willens vorgehen. *Das* Dogma der psychologischen Weltsicht, in den — noch nicht einmal bewußt vollzogenen — Techniken der Selbstkontrolle, auf die immerzu verwiesen wird, läge der Schlüssel für die Erkenntnis der „eigentlichen" Zwecke sämtlicher Taten und Untaten, leugnet eben nicht nur den objektiven Zweck dieser Tätigkeiten; auch die psychologischen Formen, in denen die Menschheit ihre Geschäfte abwickelt, werden dabei mit dem größten Desinteresse betrachtet. Die *Bestimmungen der Subjektivität*, die allgemeinen wie ihre spezielle Betätigung in der bürgerlichen Gesellschaft, interessieren einen Psychologen stets a l s das, was sie n i c h t sind — als „*Motiv*" und darum auch schon als *Grund* für alles und jedes. Einerseits macht es den Vertretern des Faches gar nichts aus, wenn sie bekennen, über die Intelligenz, das Bewußtsein, über Sprechen und Denken etc. nur „hypothetische Modelle" bieten zu können, und öffentlich verkünden, daß sie womöglich gar keinen bestimmten Gegenstand zu beurteilen haben. Andererseits befriedigen die Instanzenlehre eines Freud und die konditionierten Reflexe eines Skinner durchaus die Bedürfnisse moderner Gelehrter nach einem Weltbild: Sie betrachten eben das Kauf-, Arbeits-, Sexual- und politische *Verhalten* a l s psychologisch erklär*bar*. Manche kommen sich dabei sogar ziemlich kritisch vor, wenn sie in der Werbung Manipulation — raffinierte Konditionierung oder Vereinnahmung des Unterbewußten — entdecken; oder wenn sie den unterlassenen Klassenkampf, faschistisches Mitläufertum etc. aus der Hilflosigkeit von Individuen ableiten, die mangels Ich-Stärke und so Zeug gar nicht anders können.

Es ist also durchaus angebracht, über die Aufdeckung der Fehler dieser Wissenschaft hinaus einmal die auf den Kopf gestellte Welt der offiziellen Psychologie und ihrer Anhänger auch in der Politik, der „emanzipatorischen" zumal, zurechtzurücken; ein Ende zu machen mit dem Geschwätz vom „subjektiven Faktor" und dem albernen Gerücht von der Vernachlässigung psychologischer Größen durch den Marxismus, das ja noch immer einen Angriff auf die „bloß" ökonomische Theorie der bürgerlichen Welt einleitet. Warum sollte eine richtige Theorie darüber, wie moderne Individuen ihre Subjektivität betätigen, auch der Kritik der politischen Ökonomie widersprechen? Oder, um das Ergebnis dieser Schrift vorwegzunehmen: eine von falschem Bewußtsein bestimmte Praxis des durchaus *freien Willens* ist eben nichts anderes als eine Reihe von Veranstaltungen, in denen sich die Individualität den Geboten des Kapitals und seines Staates *fügt*. Es bedarf keineswegs einer Leugnung der Freiheit, und schon gar nicht der mühsam zusammenkonstruierten Macht des Un-Bewußten, um das Gelingen von Herrschaft und Ausbeutung auf dem Globus verständlich zu machen. Und die Tatsache, daß sich das „Individuum", das bei allen kritischen Menschen so hoch im Kurs steht, für alles hergibt und sich vieles gefallen läßt, was seine Verehrer verabscheuen, ist weniger ein Grund für seine Verehrung als für gewisse Zweifel an seinem und seiner Verehrer Geisteszustand: *Verständnis* für das falsche Bewußtsein ist das glatte Gegenteil von Wissen um seine Gründe, seine Notwendigkeit. Solange sich die Geschädigten der bürgerlichen Ordnung lediglich als lauter kleine „Ensembles der gesellschaftlichen Verhältnisse" aufführen, haben sie logischerweise auch Gegenstand der Kritik zu sein.

Schließlich sei an dieser Stelle noch darauf hingewiesen, daß das hier analysierte moralische Bewußtsein und die von ihm erfundenen Techniken der Moral nichts weiter darstellen als die Formen, in denen sich die Individuen an der bürgerlichen Herrschaft abarbeiten, um sie auszuhalten. Daß aus den Leistungen der Individuen in dieser Hinsicht der „Schluß" gezogen wird, die bürgerliche Ordnung *entspreche* haargenau der „Menschennatur", wie sie nun einmal sei, ist ein Witz, den Ideologen durch die einfache Vertauschung von Grund und Folge schon lange beherrschen. Die Umkehrung dieses Witzes, der Kapitalismus *widerspreche* der „Menschennatur", sei ziemlich „unmenschlich" und lasse echte Individualität nicht aufkommen, ist aber nicht minder doof. Was vom Standpunkt einer rationellen Psychologie gegen beide Ideologien zu sagen ist, läßt sich der vorliegenden Schrift leicht entnehmen.

TEIL I:

Das moralische Individuum – Wie funktioniert ein abstrakt freier Wille?

> **„... und Abstraktionen in der Wirklichkeit geltend machen, heißt Wirklichkeit zerstören." (Hegel)**

Das Abstrahieren gilt mit Recht als eine selbstverständliche Tätigkeit verständiger Individuen. Wenn wir die Bestimmungen einer Sache voneinander scheiden, so wissen wir sehr wohl, daß die von uns wahrgenommenen Teile, Unterschiede, Eigenschaften und Momente gerade in ihrer *Einheit* den theoretisch interessierenden Gegenstand ausmachen. Wenn wir nach der Sonderung der verschiedenen Seiten zum Urteilen und Schließen fortgehen, dann ist es uns um den *Zusammenhang* des getrennten Arsenals von gefundenen Bestimmungen zu tun, und dies nicht in Form einer Aufzählung, sondern logisch. Das *Wie* und *Warum* führt uns zur Einsicht in die Beschaffenheit, zum *Grund* dafür, daß der Gegenstand unserer denkenden Bemühung so und nicht anders vorliegt, funktioniert und wirkt. Über Abstraktionen kommen wir Gesetzen und Zwecken auf die Spur, die in Natur und Gesellschaft gelten und sich durchsetzen. Wenn dabei Fehler gemacht werden, so sind sie an den logischen Widersprüchen der Theorien kenntlich. Im Nachvollzug von Argumenten ermitteln wir deren Stimmigkeit oder Falschheit, auch die Berechtigung von Abstraktionen. Gelegentliche Irrtümer unterscheidet man von Fehlern, deren „konsequente" Fortsetzung in den modernen Geistes- und Gesellschaftswissenschaften zu ganzen Theoriegebäuden herangereift ist und sich stets Interessen verdankt, die den Gegenstand des Denkens parteilich zu bestimmen gebieten, ihn auf allerlei fromme und weniger fromme Absichten beziehen lassen und die Urheber der Theorien zu Behauptungen über die Eigenart ihres Gegenstandes beflügeln, die mit dessen Grund und Zweck partout nichts zu tun haben. Aber der Zustand der modernen Wissenschaft, ihre keiner Objektivität verpflichteten Abstraktionen sind kein Einwand gegen *das Abstrahieren* und kein Anlaß für die Verdammung des „abstrakten Denkens", mit dem manchem kritischen Geist zufolge das Böse in die Welt gekommen sein soll. „Abstrakt" und „konkret" sind für sich genommen zwei ganz unschuldige logische Kategorien, und ihre im vulgärwissenschaftlichen Volksmund übliche Verwendung für schlecht und gut, tot und lebendig, unwirklich und furchtbar real ist dumm, weil ein *Argument* gegen das *Denken* – also immer eine contradictio in adiecto.

Seit HEGEL gibt es die Redeweise von Abstraktionen, die in der Wirklichkeit geltend gemacht werden oder *praktisch* vollzogen sind. MARX hat kein Problem darin gesehen, gewisse von ihm entdeckte Gepflogenheiten des bürgerlichen Lebens ebenso zu kennzeichnen. Im Geld ermittelte er die abstrakte Form des Reichtums, wie er für die kapitalistische Produktionsweise charakteristisch: getrennt von allem wirklichen Reichtum existiert der Wert selbständig und im Gegensatz gegen den Gebrauchswert, seine Grundlage, die ihm und seiner Vermehrung zum Opfer fällt (Krise); in der Lohnarbeit sah er die Verausgabung von abstrakter Arbeit, die dem Zweck der Kapitalverwertung dient und auf der Trennung des Arbeiters von den Mitteln der Arbeit beruht, den Lohnarbeiter zur lebenslangen Funktion einer Arbeits*kraft* erniedrigt, die sich den Konjunkturen des Kapitals – so tritt der gegen die Produzenten verselbständigte Reichtum auf – entsprechend verschleißt und ihre Selbsterhaltung ständig in Frage stellen lassen muß. An den beiden angeführten Fällen wird deutlich, daß „Abstraktionen in der Wirklichkeit geltend gemacht" nicht gerade die gemütlichsten Sachverhalte darstellen: da wird die *Trennung* gewisser Leute von den ihnen eigentümlichen, *ihren* Existenzbedingungen praktiziert – eine Angelegenheit, die mit theoretischem Abstrahieren schwerlich zu machen ist, und sei es noch so falsch. In der Welt der kapitalistischen Warenproduktion *ist* das Geld *das* Mittel, an sämtliche Gegenstände des Bedarfs wie Genusses heranzukommen, und eben dieses Mittel beschränkt eine ganze Klasse in dem Bemühen, des gesellschaftlichen Reichtums teilhaftig zu werden. Der Ausschluß von den Produktionsmitteln, die als fremdes Eigentum Mittel ihrer gewinnbringenden Anwendung sind, verweist die Lohnarbeiter auf Arbeit fürs Kapital als *den* Weg, ihren Lebensunterhalt zu bewerkstelligen – und in der Verrichtung und den Folgen dieser Arbeit gewahrt er, daß erstens seine Kasse immer leer bleibt, zweitens die kontinuierliche Zerstörung seiner Arbeitskraft stattfindet – weil die Reduktion auf die für das Kapital erforderlichen Dienste so einem Menschen gar nicht gut bekommt – und drittens seine bloße Beschäftigung noch nicht einmal garantiert ist.
Mit den ökonomischen Verhältnissen des Kapitalismus, also all den Verlaufsformen, die eine reale, praktisch an leibhaftigen Individuen vollzogene Abstraktion aufweist, befaßt sich die Ökonomie; mit der Gewalt, die zur Aufrechterhaltung des ökonomischen Betriebs dieser Sorte vonnöten ist, die Theorie des bürgerlichen Staates, der politischen Herrschaft, die darüber wacht, daß sich die Betroffenen auch immer alles ganz manierlich gefallen lassen. *Wie* es die Nutznießer und vor allem die Opfer von kapitalistischer Ökonomie und bürgerlicher Politik anstellen, daß sie den ihnen zugestandenen freien Willen nicht anders handhaben als zum *angestrengten Mitmachen,* davon handelt eine *Psychologie des bürgerlichen Individuums.*

Eine solche Theorie leugnet nicht die Freiheit der modernen Demokratie und ihrer Opfer, also auch nicht den freien Willen, von dem schon Hegel zu Recht bemerkt hat, daß seine Bezeichnung ein Pleonasmus ist; sie klärt, worin die Freiheit besteht, wie schäbig sie beschaffen ist und welchen hohen Zwecken – mit den kleinlichen Interessen gewöhnlicher Leute hat sie in der Tat wenig zu tun – sie entspricht. Allerdings erklärt eine Psychologie dieser Art nicht noch einmal Mehrwert, Stücklohn, fixes Kapital und Zins, auch nicht den Rechtsstaat, dessen Finanzhoheit und Parlament, sondern eben – weil sie *Psychologie* ist – die subjektiven Prozeduren, das, was ein frei entscheidendes Subjekt in seinen Gefühlen, Anschauungen und Gedanken leistet, um seine Unterwerfung unter den kapitalistischen Zirkus, sein Mitmachen immerzu als alleiniges und wohlbegründetes Werk seines Willens erscheinen zu lassen. Psychologie des *bürgerlichen* Individuums ist diese Wissenschaft darin, daß sie nicht die formellen Bestimmungen der Subjektivität in ihrer Allgemeinheit, wie sie auch zu anderen Zeiten und in anderen Umständen entwickelt sind, herunterleiert: sie erklärt den bestimmten Gebrauch, den Leute in der kapitalistischen Produktionsweise von ihrem Verstand machen, die besondere Sorte von Gefühlen, deren *Inhalt,* wie er hier und heute normal ist. In Gestalt einer Ableitung vorgetragen, befaßt sich vorliegende Schrift mit der Verlaufsform des Widerspruchs, der im Begriff des *abstrakt freien* Willens gefaßt wird: Wie bringt es ein (freier) Wille fertig, seine eigenen Voraussetzungen: Gefühl, Bewußtsein, Sprache, Verstand so einzurichten, daß er sich aufgibt? *Wie* gelingt es Individuen, die per Ausbildung zu allerlei Kenntnissen und Fertigkeiten angehalten werden, damit sie im bürgerlichen Getriebe durch allerlei Leistungen *ihr* Interesse realisieren können – oder umgekehrt ausgedrückt: damit sie sich aus ihrem Interesse heraus *nützlich machen* –, mit allen Beschränkungen des Kapitalismus und der modernen Demokratie fertig zu werden und brav dabei zu bleiben? Um die Beantwortung *dieser* Frage ist es zu tun, was nicht zu verwechseln sein dürfte mit der Klärung einer ganz anderen, welche die bereits erwähnten Theorien über die kapitalistische Ökonomie und die ihr entsprechende politische Herrschaft erledigen: *Warum* geht es so zu? Wer in den moralischen und psychologischen Techniken der Individuen den *Grund* für Nudel-, Auto- und Rüstungsproduktion, für den Bau von U-Bahnen, Stauseen und Schulen ausmachen will, hat bestenfalls ein *Menschenbild,* das dann als Subjekt von allen Entscheidungen und Werken fungiert, die so zustandekommen. Daß irgendetwas passiert, *weil* die Menschen „so sind" und Subjektivität bei der Gattung homo sapiens nun einmals „so beschaffen" ist, blamiert sich als Erklärung schon vor der schlichten Tatsache, daß die Subjekte der Entscheidungen, die den Globus so wohnlich machen, ganz andere sind als die, welche dann zu Werke gehen müssen und die idiotischsten Meinungen darüber als ihre Freiheit feiern ... Freilich ist damit nicht gesagt, daß die objektiven Verhältnisse, in denen sich das moderne Individuum so furchtbar individuell gibt, nicht zur Sprache kommen. Als das, *woran es sich anpaßt,* worin es sich bewähren will, kommt der bürgerliche Zirkus immerzu vor – selbst im ersten Teil, wo in getreuer Befolgung des Prinzips „vom Abstrakten zum Konkreten" die allgemeinen, immerzu präsenten, weil „befolgten" Grundsätze bürgerlichfreien Gehorsams analysiert werden, sind die gegenwärtig im Amt befindlichen Subjekte der Geschichte, Kapital und Staat, nicht ganz vergessen worden. Einerseits erscheinen sie als *die* Voraussetzung für das schlechte Benehmen auch der „Volksmassen", die nicht nur Brecht per Gedicht zum „eigentlichen" Subjekt küren wollte. Andererseits läßt sich das falsche Bewußtsein samt seinen Winkelzügen auch in seinen noch so abstrakten Bestimmungen nicht darstellen ohne Erwähnung der gesellschaftlichen Verhältnisse, für die es notwendig ist. So gut es allerdings ging, haben wir die Erinnerung an das, *womit* sich so ein Subjekt herumschlägt, im Dunkeln belassen, und zwar ganz einfach im Interesse der (zum letztenmal:) *abstrakten*, von ihrer Durchführung noch „unberührten" Bestimmung der armseligen „Bewegungsgesetze" der heutigen Seele.

§ 1

Was in der Konkurrenz der Klassen, in der Hierarchie der Berufe durch individuelles Geschick erreicht werden kann, bemißt sich am Interesse anderer und den Mitteln, über die sie verfügen. Dabei findet ein direkter Vergleich, ein unmittelbares Kräftemessen längst nicht mehr statt, wo ein mit Gewaltmonopol ausgerüsteter Staat für Recht und Ordnung sorgt. Sein Erziehungswesen stellt nicht nur manchen Unterschied im Umfang der Bildung her und weist die Individuen in ihre Karrieren ein — von der öffentlichen Gewalt, die am nützlichen Fortgang der Konkurrenz ihren Daseinsgrund und Zweck hat, erfährt der Bürger auch gleich, was *erlaubt* und *verboten* ist. Sein Materialismus ist anerkannt, aber nur in den Grenzen von ihm aufgeherrschten Notwendigkeiten, durch die er für Staat und Kapital brauchbar wird.

Indem sich das Individuum auf die mit seiner sozialen Lage speziell definierte Freiheit der Konkurrenz einstellt, die praktischen Zwänge seiner Stellung in der Welt zum selbstverständlichen Ausgangspunkt seines Strebens macht, pflegt es den spezifisch bürgerlichen Gebrauch seines Geistes: *jeder sinnt im Rahmen des Erlaubten auf seinen Erfolg.* Alle Einrichtungen der kapitalistischen Welt und jeden „Mitmenschen" betrachtet es als Bedingung seines Fortkommens, wobei ihm manches positiv, manches negativ vorkommt. Stets be- und verurteilt ein solches Individuum die Taten anderer und die handfesten „Leistungen" höherer Instanzen gemäß dem *Kriterium des erlaubten Erfolgs*, was dasselbe ist wie der *Maßstab des erfolgreichen Anstands.* Der praktischen Stellung des Subjekts, das in einer mit lauter Hindernissen erfüllten Welt sein Mittel sehen und nützen will, entspringt ein Weltbild, das mit Objektivität nichts zu tun hat. Das Bewußtsein, das sich der abstrakt freie Wille zulegt, hat sein Prinzip darin, daß es die dem Willen entgegenstehenden, von ihm unabhängigen Umstände *seiner* Betätigung in das Programm des Willens aufnimmt. Das bürgerliche Ich übersetzt den erzwungenen Entschluß, sich nach der Welt zu richten, wie sie ist, sich in den vorgeschriebenen Bahnen zu bewegen, in das freie Urteil über sie und beantwortet sich an jedem Gegenstand die Frage: Inwieweit entspricht er mir und meinen Absichten?

1.

Der hier gegebene Begriff des bürgerlichen Ich unterscheidet sich erheblich von den Konstrukten der Psychologie, die einige Mühe darauf verwendet, den freien Willen zu leugnen. Und dies bewerkstelligt sie stets über einen Beweis, der ein Subjekt der *Entscheidung*, das sich seiner Zwecke und Absichten *bewußt* ist, v o r a u s s e t z t , um anschließend die Vorausetzungen der Entscheidung als die maßgeblichen „Faktoren" anzuführen und den bewußten Vollzug der Handlung zu bestreiten. FREUD bestimmt zunächst Fehlleistungen als „Gegeneinanderwirken zweier verschiedener Absichten" – und ist damit so unzufrieden, daß er seinen Lesern bzw. Hörern die Macht des „*Un*-Bewußten" als Grund für die von ihm behandelten Phänomene präsentiert. Am Beispiel des Traumes, wo der Verstand des Menschen nun wahrlich nicht sehr wach ist, also auch nicht mit Empfindungen, Gefühlen urteilend umgegangen wird, keine Unterscheidung zwischen Ich und Objektivität stattfindet, wo alle im wachen Zustand gemachten Erfahrungen in wild assoziierten Bildern vom Schlafenden „erinnert" werden – am Traum entwickelt FREUD das Muster eines nach der Logik des tätigen und berechnenden Verstandes wirkenden Un- und Unterbewußtsein. Und außer der Fortentwicklung dieser Fehler zur Instanzenlehre, in der die „moralischen Beschränkungen" (die wirklichen Beschränkungen treten schon gleich in ihrer versubjektivierten Gestalt auf!) zum jeder Menschenseele zugehörigen *Über-Ich* naturalisiert werden, von dem aus und mit dem das Betragen diverser Sexualitätsunholde „erklärt" wird, gelingt dem großen Analytiker noch der Wurf mit den beiden Prinzipien „Lust" und „Realität". Seine diesbezüglichen Argumente hätten FREUD leicht auf den richtigen Weg bringen können, daß die Verfassung der „kranken" wie „gesunden" Subjekte, die ihm über den Weg liefen, etwas ganz anderes darstellt als einen Krieg zwischen drei Instanzen und zwei Prinzipien. In der heutigen Psychologie ist man – obwohl keineswegs Anhänger von FREUD, weil zu moralkritisch – da bequemer. Die Leugnung des freien Willens sieht da so aus:

„... aus dem bisher Ausgeführten ergibt sich, daß das Wollen aus einer Wahlsituation hervorgeht (!). Die Frage, ob der Wille des Menschen frei sei, ist daher psychologisch exakt formuliert die Frage, ob der Mensch in einer gegebenen Wahlsituation jede beliebige (!) Verhaltensmöglichkeit wählen könne; oder, noch genauer (!), die Frage: kann sich der Mensch in einer gegebenen Situation für jede (!) Wahlmöglichkeit (!) entscheiden? Könnte er es, so wäre er *frei;* kann er es nicht, so ist er *nicht* frei. Einen anderen Sinn kann das Wort „Freiheit", psychologisch betrachtet, kaum haben.

Bei dieser präzisen Formulierung ist die Antwort einfach. Sie lautet: *nein;* der Mensch kann in einer gegebenen Wahlsituation nicht jede beliebige

Verhaltensmöglichkeit wählen. Die Triebe, Interessen und Gefühle, die in ihm in dieser Situation auftreten, bestimmen ihn, eine bestimmte Verhaltensmöglichkeit allen anderen vorzuziehen und sich für sie zu entscheiden. Hätte er sich aber nicht für eine andere entscheiden *können*? Nur dann, wenn in ihm andere Motive aufgetreten (!) wären."

An solchen Glanzleistungen moderner Wissenschaft stößt sich heutzutage niemand mehr, obgleich feststeht, daß für dieses Statement weder Kenntnisse über die bloß formellen Bestimmungen von Trieb, Gefühl, Bewußtsein, Interesse und Willen nötig sind (als bestimmten theoretischen und praktischen Stellungen der Subjektivität zur Welt und zu sich), noch der *Inhalt* von Gefühlen etc. irgendeine Wichtigkeit besitzt. Das Beweisziel wird direkt angesteuert, so daß das schiere Vorhandensein von Trieben und Gefühlen als Widerlegung der „Entscheidungsfreiheit" genügt. Die „Ohnmacht" des Subjekts, das rational seine Entscheidungen trifft, folgt ganz einfach daraus, daß es auch gefühlsmäßig oder interessiert mit der Welt umgeht. Dabei könnte auch ein Psychologe an einem durchaus üblichen Satz wie „Das habe ich gefühlsmäßig getan" bemerken, daß da ein mit Bewußtsein handelnder Mensch sich dazu *entschlossen* hat, sich eben von seinem Gefühl leiten zu lassen, und kleine wie größere Studien für überflüssig befand, also sich keineswegs als passives Opfer seiner Seelenregungen präsentiert. Wer letzteres behauptet, kann sich freilich auch nicht mehr den Inhalten der diversen Gefühle und Interessen zuwenden – er würde ja glatt feststellen, daß da vom Verstand zustandegebrachte (richtige wie falsche) Urteile zur Gewohnheit geworden sind und sich in unmittelbarer Form, ohne die neuerliche Anstrengung des Gedankens betätigen, weswegen Gefühle auch oft einer verständigen Berechnung entgegenstehen, und einer vernünftigen Analyse schon gleich. Dafür schlägt die Psychologie dieses Resultat der bürgerlichen Anpassungstechnik – „Mein Herz sagt ja, doch mein Verstand sagt nein" – der „Menschennatur" zu, und erklärt die Widersprüche, die ein moralisches Bewußtsein dem Handeln der Leute, ihrem praktizierten Geisteszustand einprägt, lässig zum festen Bestandteil *der* Subjektivität schlechthin. Vom Denken weiß die bürgerliche Psychologie folgerichtig nur seine geringe Bedeutung zu konstatieren, natürlich nicht ohne Hinweis auf seine Relativierung durch dem Denken vorgelagerte und viel wichtigere Beweggründe des Subjekts. Statt die moralisch berechnende Tätigkeit des Verstandes, die das spezifisch bürgerliche *falsche* Bewußtsein ausmacht, zu bestimmen, ersinnt man das Problem, wem beim Individuum, das entscheidet, das „Übergewicht" zuzuerkennen sei; das Denken selbst erscheint für diese Wissenschaft lediglich in Gestalt „seiner" *Funktion* als Hilfsmittel für den ökonomischen Umgang des Individuums mit sich selbst, als Technik der Anpassung, die willkommen ist, aber auch

nicht übermäßig viel ausrichten kann:
„Das Denken leistet nur Hilfsdienste; es stellt die vorhandenen Möglichkeiten und ihre Vorteile und Nachteile fest. Das Ergebnis dieser Feststellungen wird gewöhnlich so formuliert, als ob es selbst für die Entscheidung maßgebend wäre: es ist gescheiter, wenn ich so tue – das bedeutet nur: ich erreiche meine Ziele sicherer, rascher, mit geringerem Kräfteaufwand, mit weniger Lästigkeiten und unangenehmen Risiken, wenn ich so handle. Das Ziel ist dabei immer schon bestimmt; und die Entscheidung wird von den Trieben und Interessen oder von vorausgegangenen Entschlüssen herbeigeführt, nicht vom Denken, das nur Klarheit über die Möglichkeiten zur Zielerreichung schafft."
In dieser „Einsicht" bewährt sich die Psychologie als gern gesehenes Pendant zum Idealismus vom „animal rationale"; sie gefällt sich in einigen Dutzend Theorien der Subjektivität, in denen deren *Tätigkeit* als Wirkung von allerlei *Fähigkeiten* zur Darstellung gelangen. Diese Fähigkeiten beinhalten je nach Schule einen *funktionalen Umgang* mit äußeren Zwängen und Voraussetzungen und/oder inneren Dispositionen. Bei den Bahavioristen reduziert sich die tätige Intelligenz auf „Problemlösungsverhalten" der dümmsten Sorte, wobei die Welt aus „Stimuli" und der Mensch aus „Verhalten" besteht, das er verstärkt haben möchte. Das FREUDsche „Ich" kämpft ebenfalls mit externen wie internen Ansprüchen, und die „seelische Persönlichkeit" liefert ein nicht minder falsches *Bild* des sich relativierenden freien Willens als der „Organismus" von SKINNER:
„Ein Sprichwort warnt davor, gleichzeitig zwei Herren zu dienen. Das arme Ich hat es noch schwerer, es dient drei gestrengen Herren, ist bemüht, deren Ansprüche und Forderungen in Einklang miteinander zu bringen. Diese Ansprüche gehen immer auseinander, scheinen oft unvereinbar zu sein; kein Wunder, wenn das Ich so oft an seiner Aufgabe scheitert. Die drei Zwingherren sind die Außenwelt, das Über-Ich und das Es."
Die zweifelhafte Leistung der psychologischen Disziplin – dies sollte hier im Vorgriff auf die folgenden §§ festgehalten werden – besteht darin, daß sie aus dem *falschen Bewußtsein* und den ihm zugehörigen *Techniken der Selbstkontrolle*, wie sie das bürgerliche Individuum auszeichnen, ein *Menschenbild* konstruiert; daß sie beides nicht erklärt, sondern in Modellen der Individualität und ihres „Verhaltens" zum *Grund* und *Inhalt* all dessen macht, was bürgerliche Subjekte den lieben langen Tag so anstellen.

2.

Auch vom Ich eines HEGEL, der in der Enzyklopädie die Formbestimmungen des subjektiven Geistes entwickelt, unterscheidet sich das bürgerliche Ich grundsätzlich. Bei HEGEL ist die Indivudalität Seele, sinnliches und wahrnehmendes Bewußtsein, entwickelt Vorstellungen von der Welt, bezeichnet sie, urteilt und schließt, geht mit ihnen vernünftig um, denkt – und arbeitet sich als Vernunft zur Identität der objektiven Welt und dem Inhalt der subjektiven Gedanken vor, um als praktischer Geist *sich* die Gesellschaft gemäß zu machen: objektiver Geist zu sein. Seltsamerweise gelingt es dem letzten brauchbaren Philosophen, aus den puren *Formbestimmungen* der Subjektivität – bei denen ihm noch mancher Fehler „unterläuft" (vgl. die berüchtigten Definitionen des Nationalcharakters aus der Seele, die Ableitung von Herr und Knecht in der Phänomenologie aus dem Selbstbewußtsein u.a.) – den Übergang ausgerechnet zur *bürgerlichen* Gesellschaft und ihren Staat zu drechseln. Entsprechend sieht dieser Übergang dann auch aus: Damit *vernünftige* Subjekte ausgerechnet das Privateigentum als ihre Welt wollen, muß sich der freie Wille schon ziemlich abstrakt vorkommen und sich im ausschließenden Besitz die ihm gemäße „Sphäre seiner Freiheit" geben, weil er sonst nicht Idee – Einheit von Begriff und Realität – wäre!

Die Wahrheit ist auch hier der „auf die Füße gestellte Hegel": Das *bürgerliche* Subjekt betätigt sich zwar als Seele, Bewußtsein und Intelligenz, geht aber dabei von gewaltsam geschaffenen und erhaltenen sozialen Verhältnissen aus, in denen es zurechtzukommen hat, und akkommodiert seinen Geist wie seine Taten den praktischen Beschränkungen, die sein Interesse mit seinen Gegenständen zugleich vorfindet. Es *relativiert* seinen Willen bezüglich der ihm aufgeherrschten Schranken – und diese Relativierung wird ihm so *bewußt,* daß es die Welt umgekehrt als verfügbares Material seines bereits kontrollierten Willens auffaßt, daß es so und nur so seine individuelle Freiheit genießt: das Individuum anerkennt die bürgerlichen Verhältnisse in dem, was es *darf.* Es legt sich die ihm aufgehalsten Schwierigkeiten einfach so zurecht, daß es dem Gesichtspunkt anhängt, immerhin zu dem befugt zu sein, was nicht verboten ist.

3.

In den Urteilen über sich und die Welt, die der bürgerliche Verstand so zusammenbringt, können gewisse Unterschiede nicht ausbleiben; auch wenn das Prinzip für alle Individuen dasselbe ist, sind nämlich die Ergebnisse des um seine Durchsetzung bemühten freien, aber relativierten Willens je nach Klassenzugehörigkeit, also nach den Mitteln, die den Leuten zur Verfügung stehen, gar nicht gleich. Die simple Tatsache, daß manche allen Grund zur Zufriedenheit haben, andere nicht, führt zu einigen Differenzierungen im Bewußtsein von der Welt. Wo das Interesse und seine Beschränkungen den Gebrauch des Verstandes bestimmen, schlagen sich notwendig auch Erfolg und Mißerfolg, Erwartung und Enttäuschung im individuellen Weltbild nieder – eine sehr bekannte Erscheinung, die aber den Anhängern der bürgerlichen Ordnung wenig Kopfzerbrechen bereitet. Sie gilt als normal: erstens ist das ja immerhin die Freiheit, die jeder hat, daß er eine *eigene* Meinung vertritt über die Weltenläufte, ob er nun deren Nutznießer oder Opfer ist; zweitens versteht es sich von selbst, daß ein Bewußtsein nie und nimmer objektiv sein kann, „da" es ja ein *individuelles* (= von persönlichen Interessen geleitetes) ist ...

§ 2

Das bürgerliche Subjekt stellt sich auf die gesellschaftlichen Umstände ein, mögen sie auch voll von Herrschaft und Ausbeutung, Mord und Totschlag sein. Da ihm seine Interessen nicht prinzipiell bestritten werden, da seinem Materialismus zumindest bedingt entsprochen wird, würdigt es die Welt als ein *Angebot* an sich: *sofern* es sich auf sie einstellt und die eigenen Interessen in dem Rahmen verfolgt, in dem es *darf*, genießt es lauter *Freiheiten.*
Weil die Unterwerfung unter die Regeln des Erlaubten, der konzessionierte Materialismus, aber keineswegs den Erfolg garantiert, handelt sich das Individuum manches *Problem* mit der Freiheit ein, die es schätzt. Es macht gute und schlechte Erfahrungen und gelangt so zu einer ziemlich geteilten Meinung über die Herrschaft, der es sich zu seinen eigenen Gunsten beugen will. Je nachdem, ob ihm die Durchsetzung des eigenen Interesses gelingt oder nicht, bringt es den Standpunkt des *Erfolgs* oder des *Anstands* zur Geltung — und sooft er bei anderen zur Überprüfung des persönlichen Fortkommens schreitet, entdeckt der bürgerliche Mensch die Erfüllung oder Verletzung *eines* der beiden Kriterien, über die er verfügt; und in gewissen Fällen entsprechen auch Anstand *und* Erfolg einander, oben wie unten in der gesellschaftlichen Hierarchie. Nicht selten aber erscheint dem Interesse, das sich ohne moralische Einkleidung nicht sehen lassen will, der Erfolg durch einen Mangel an Anstand erkauft; und umgekehrt entdeckt es, insbesondere bei sich, den Anstand als Grund für manche Zurücksetzung. Das moralische Subjekt läßt sich von seinen negativen Erfahrungen weder zur „umstandslosen" Befürwortung, noch zu einer „destruktiven Kritik" der Herrschaft führen, die ihm seine Freiheit konzediert: es hält am Standpunkt der *lohnenden Selbstkontrolle* fest, sein Bewußtsein *urteilt* eben *doppelt*. Dem Maßstab materiellen Fortkommens fügt es den der Tugend hinzu; es reflektiert die beiden Kriterien ineinander und hält den Materialismus für ebenso erlaubt wie den Gehorsam für notwendig.

1.
Im Hin und Her seiner beiden Maßstäbe legt sich das bürgerliche Ich seine eigentümliche Stellung zur und seine Auffassung von *Herrschaft* zu: Sie besteht keineswegs in so handfesten Argumenten wie Kapital, Arbeit und Staatsgewalt, sondern in einer – ökonomisch und politisch „organisierten" – Summe von guten und schlechten *Gelegenheiten.* Alle Zwänge der bürgerlichen Welt gelten ihm als – erlaubte – Wege zum Erfolg. Zwar ist in der Betrachtung und Handhabung der objektiven Verhältnisse als „Gelegenheit", die man „ergreift" oder „verpaßt", *falls sie einem geboten wird,* längst zurückgenommen, daß einem eine Flut von Mitteln zur Realisierung eigener Zwecke zu Diensten steht – aber eben so, daß in der Musterung der Lebensumstände nach *Chancen,* also durch die Logik der Möglichkeit, die *positive* Haltung zur Welt erhalten bleibt. Das moralische Individuum will sich *in* der bürgerlichen Gesellschaft bewähren; es kalkuliert über die Anerkennung ihrer Schranken seinen Erfolg und unterwirft das Resultat seiner Bemühungen wie das der Anstrengungen anderer Leute einer dauernden Deutung. Dabei gilt ihm kein *Gegensatz* als solcher, vielmehr ergeben sich lauter *Unterschiede* in bezug auf das individuelle Geschick in der Nutzung der vorhandenen Chancen. Einerseits bestätigt jeder Unterschied im Fortkommen einzelner Figuren die Auffassung, daß „es geht", also tatsächlich Gelegenheiten geboten werden; andererseits fordert eben dieser Unterschied die moralische Überprüfung heraus, die Frage, ob sich die erfolgreichen Typen auch in derselben Weise betragen wie die minder zu Ansehen gelangten Bürger. Oder ob letztere sich nur den verdienten Lohn für mangelndes Wohlverhalten eingeheimst haben ... usw.

2.
Der Entschluß, sich im eigenen Interesse zu unterwerfen, führt einerseits zur ständigen Widerlegung der berechnenden Dialektik von Anstand und Erfolg; doch sind die Anstrengungen *eines solchen Ich* überhaupt nicht geeignet, es zu erschüttern. Alle,die es weitergebracht haben als es selbst, sind für ein bürgerliches Individuum der Beleg dafür, daß einiges läuft – und es kann in seiner Überlegenheit gegenüber anderen, die schlechter gefahren sind, einiges an Trost und Bestätigung ausmachen. Im respektvollen bis devoten Verkehr mit den Bessergestellten leugnet das bürgerliche Subjekt die Objektivität der Klassengesellschaft ebenso wie in dem, was es sich gegenüber minder arrivierten „Mitmenschen" herausnimmt.
Aufgrund des nur sehr teilweise eintretenden Wohlbefindens schreitet ein anständiger Bürger aber auch zur Kritik des Vergleichs, in dem sich die Individuen seiner Meinung nach auszeichnen. Dazu verhilft ihm die Trennung und Kreuzung der beiden armseligen Maßstäbe, über die er verfügt:

Nicht jeder Reiche ist anständig, was aber sowohl Vorwurf als auch Anerkennung der „Cleverness" bedeuten kann; und mit dem Kompliment, einer sei ein guter Kerl, werden Trottel dingfest gemacht. Als Beglückwünschung der Gebeutelten zu ihrer Moral existiert das Kompliment zynisch – daneben gibt es die Verachtung von „Ellenbogenmenschen". In tausend Varianten der Anerkennung aller möglichen Unterschiede, die einem nicht passen, zeichnet sich die Unvereinbarkeit der beiden Maßstäbe ab, so daß dem moralischen Individuum einiges zu tun bleibt, der Illusion zu leben, die sein Prinzip ausmacht: Wer die objektiven Schranken seiner Durchsetzung für nicht mehr existent hält, weil er sie zu einer Frage des subjektiven Umgangs mit ihnen erklärt, sie versubjektiviert hat, der hegt die Hoffnung, sie praktisch aus dem Weg räumen zu können. Und dem fällt es auch nicht schwer, nach seinem Geist auch noch seine Moral *berechnend* einzusetzen – um *trotzdem*, mitsamt seinem Gehorsam, Materialist zu sein.

§ 3

Da die Welt mit ihren Chancen ziemlich geizt und sich die Selbstkontrolle nicht lohnt, bemüht sich das moralische Ich ständig um die Einlösung seiner *Ansprüche*; als solche nämlich treten seine zurückgewiesenen Interessen auf. Weil es sich auf die Übereinstimmung des eigenen Materialismus mit den Prinzipien des Erlaubten *verpflichtet* hat, *beruft* es sich auf diese Prinzipien, sooft es sich mit seinem Anliegen durchsetzen will. Es bringt jeden Zweck und jede Handlung *als Recht* des subjektiven Willens zur Darstellung, beschwört ständig, daß seine Taten den von ihm anerkannten Maßstäben gemäß sind — und vertritt seinen individuellen Erfolg als höchst allgemeines Anliegen: *Heuchelei*, der moralische Materialismus, der andere als *Egoisten* kritisiert, weil sie „*nur*" an sich denken.
Herrschaft, die tatsächlichen und mit Gewalt auferlegten Beschränkungen des praktischen Lebens, erscheint dem moralischen Subjekt, das auf seinen berechtigten Interessen besteht, weder als Klassengegensatz (= als auf dem Privateigentum beruhende Konkurrenz) noch als Unterwerfung unter das Gewaltmonopol des Staates. Wenn das eigene Interesse rechtens ist und dennoch zu kurz kommt, so ist die bürgerliche Welt eine Anhäufung von *Ungerechtigkeiten*, sie gehorcht den eigenen höheren Normen nicht, wodurch gerade ein anständiger Mensch „gezwungen" ist, *praktisch* immerzu mit Verstößen gegen diese Normen zu kalkulieren, so sehr er *theoretisch* an ihnen festhält. Dabei kommt er sich so vor, als würde er ihre Gültigkeit *retten*, wenn er sich der billigen List bedient, welche die Gewohnheit der Heuchelei ausmacht. Er sucht den allgemeinen Respekt vor Recht und Sitte auszunützen, indem er bei jeder Interessenkollision den Grund *seines* Tuns in die Realisierung von Rechten und Pflichten übersetzt, sich als Wahrer der sittlichen Maßstäbe aufspielt, weil ihm „*nur so*" die Welt ein Auskommen gestattet. Und um der Glaubwürdigkeit seines Heuchelns willen führt er *seinen* Anstand immerzu vor und ist ein Meister des *guten Benehmens*, das er selbstredend auch von anderen fordert.

1.
Die moralische Persönlichkeit *demonstriert* ihr Bedauern, daß man es mit Anstand keineswegs zum garantierten Erfolg bringt, und sie will damit nicht die Kündigung ihres Einverständnisses eingereicht haben. Daß es ein anständiger Mensch zu nichts Gescheitem bringt, ist zwar eine sehr geläufige Floskel; doch bildet sie nicht den Auftakt zur Gegnerschaft gegen die Instanzen des Erlaubten, sondern zur albernen Technik der Selbstbehauptung, die sich materialistisch gibt: „Die Welt will betrogen sein." Der ganze Betrug besteht allerdings darin, daß der bürgerliche Tugendbold sämtliche Absichten mit dem *Schein des Guten* versieht: mit dem Hinweis, außer für ihn wären seine Taten vor allem für andere bedeutsam, also ziemlich gut gemeint und somit auf der Linie dessen, was ja wohl jedermann als seine Pflicht ausmachen könne, *rechtfertigt* er den anvisierten Vorteil, sein Interesse. Die Heuchelei bleibt also beim Anstand als einem Mittel des Erfolgs, wenngleich als einem, das man von der Praxis zu scheiden hat und als Legitimation für den eigenen Materialismus einsetzen muß.

2.
Rechtfertigt wird dabei aber auch die Herrschaft, da man ihr bescheinigt, sie gestatte *den* Individuen, die des Zerwürfnisses beider Maximen innewerden und das rechte Geschick in ihrer Handhabung entwickeln, ein flottes Leben. Dieses Geschick im Umgang mit den anderen trifft jedoch nicht nur auf ebenbürtige Mitmenschen, die einen auf das vorgeschobene Pflichtbewußtsein und Gerechtigkeitsgetue festlegen; es versagt ganz offensichtlich seinen Dienst, wo handfestere Mittel fehlen, so daß die von allen Ständen gepflegte List der Heuchelei nur bei denen zieht, wo sie die *List des Stärkeren* ist. Für ihn erscheint sie nicht einmal als eine besondere Anstrengung, sondern als das öffentlich zur Schau getragene, ganz gewöhnliche Selbstbewußtsein. In Amt und Würden arrivierte Leute tun nie das, was sie gerade anstellen, sondern immer nur ihre *Pflicht*, und wenn ein solcher Mensch Fortschritte in seiner Karriere zu verzeichnen hat, vermehrt sich nie seine Macht, sondern seine *Verantwortung*. Die Folgen seiner Entscheidungen und Maßnahmen nimmt ein echter Vorgesetzter und Amtsträger mit einem „leider" zur Kenntnis, wenn sich andere beklagen – womit er die *Notwendigkeit* seines Tuns bewiesen haben möchte; bei Kritik verlangt er nach alternativen *Möglichkeiten*, von denen er weit und breit keine sieht – zumal er gar nichts anderes verfügen *dürfe*, als das, was er selbst nicht *will*. Kein Wunder, daß die Modalverben, die die Stellung des Willens zur Tätigkeit des Subjekts ausdrücken, zum bevorzugten Hilfsmittel der Heuchelei im alltäglichen Verkehr geworden sind.

3.
In der gewohnheitsmäßigen Heuchelei kommt sich aber auch das mindere Subjekt, der „kleine Mann", ziemlich frei, weil enorm schlau und gerissen vor; obgleich es sich zu Schleimereien gegenüber höhergestellten Leuten und zu allerlei Verstellungskünsten erniedrigt, meint es doch nur seinem Materialismus zu folgen. Darüber vergißt es gerne die Untauglichkeit des Mittels – so daß aus dem Munde eines Normalverbrauchers manches Lächerliche zu vernehmen ist. Wenn ein solcher sein Anliegen mit Hilfe des obligatorischen „wir" durchsetzen will, hört sich das eben anders an als beim Chef. Da hält sich dann auch mancher in den Bereichen schadlos, wo er etwas zu melden hat, und traktiert die Kleinen, deren Wohlverhalten er beansprucht, gerne mit dem gewichtigen Wort „Ich will doch nur dein Bestes." Und wird einer daran erinnert, daß er sich an die Maßstäbe, die er ständig vertritt, selbst nicht hält, fällt ihm sogar der Begriff von dem Getue ein: in der „Theorie" sei das ihm Abverlangte schon recht, in der „Praxis" jedoch – so spielt er auf seinen wirklichen wie erhofften Vorteil an – ginge es schlecht. Die so ausgesprochene *Trennung* zwischen befürworteten *Grundsätzen* und dem gemeinen *Leben*, das einen an ihrer Einhaltung hindert, ist in der bürgerlichen Gesellschaft alles andere als ein Geheimnis – auffallen tut einer höchstens, wenn sie ihm *mißlingt:* Freud'sche Versprecher und Schlimmeres sind üblich, wenn die Selbstkontrolle auf dem Felde öffentlicher Verstellung nicht klappt.

4.
Die Trennung, die ein ehrlicher Heuchler ohne weiteres eingesteht, indem er sich unter allergrößtem Bedauern der Inkonsequenz in Fragen der Moral bezichtigt, *praktiziert* er allerdings in der Gewißheit, daß es ohne nicht geht, in allen Angelegenheiten. So wenig der Anstand die Verkehrsformen der Leute untereinander *bestimmt,* so sehr gehorchen sie dem heuchlerischen Bedürfnis nach wechselseitiger Anerkennung jenseits der wirklichen Zwecke, die sie zusammenführen. Der Anstand, wenn schon nicht als solcher durchzuhalten, wird *als Ideal gelebt:* wo jeder meint, mit dem Nachweis der Berechtigung all dessen, was er will, seinem Interesse den Durchbruch zu ermöglichen; wo umgekehrt jeder auf die Prüfung seines Anliegens gefaßt sein muß, sich zu rechtfertigen hat bezüglich seiner Ansprüche – bewegen sie sich 1. in erlaubten Bahnen?, 2. stehen sie ihm als Verdienst zu?; also im Klartext: 3. kommt er mir nicht in die Quere? –, da fehlt es nicht an *Höflichkeit.* Jede Form von Abhängigkeit, jeder Gegensatz von Interessen wird zu einer Frage des *Benimms,* der darüber entscheidet, ob einem überhaupt Gehör zuteil wird. In den Techniken des guten Tons las-

sen sich die Individuen getrennt von allem, was sie miteinander zu tun haben, vorhaben und von anderen wollen, ihre prinzipielle Anerkennung zuteil werden.

Von anderen erwarten sie die Respektsbezeugung quasi als Versprechen darauf, daß sie nichts Unanständiges im Schilde führen, und bekennen sich selbst in der Einhaltung und Beherrschung der Anstandsregeln zur Moral, zur *Selbstkontrolle als Ritual;* dessen Befolgung erscheint als die conditio sine qua non für jeglichen Erfolg. Dennoch garantiert der Hut in der Hand noch lange nicht, daß man durch das ganze Land kommt. Daß die Höflichkeit zur *Bedingung* für die Berücksichtigung eines Interesses gemacht wird, heißt eben nicht, daß sie die Brauchbarkeit einer Leistung für andere *ersetzt.* Es kommt eben sehr darauf an, was einer nach erfolgter Begrüßung und außer seiner korrekten Kleidung und Rasur noch „zu bieten" hat – eine Weisheit, die nicht selten Leute in Erinnerung bringen, die berufsmäßig mit anderen als dem Material ihres wirtschaftlichen und politischen Erfolgs umgehen. Zur Institutionalisierung des berechnend-freundlichen Umgangs, den schon Kinder wie das Einmaleins beigebogen bekommen, gehört nicht nur der Generalverdacht, daß vielleicht gar nichts „dahinter" ist, sondern auch die Freiheit, nach gesellschaftlicher Stellung sehr unterschiedlich auf dem „Protokoll" zu beharrren. Während Politiker und Unternehmer, aber auch Lehrer und Meister gewaltigen Wert darauf legen, daß ihre Untergebenen ein tadelloses Benehmen an den Tag legen, können sie sich selbst der rüdesten Manieren befleißigen, ohne auf Kritik – außer hinter vorgehaltener Hand – zu treffen. Wenn es solchen Leuten beliebt, können sie sich auf Grundlage ihrer Stellung sogar beliebt machen mit einem unkonventionellen „Stil", also ganz souverän nichts „auf Äußerlichkeiten" geben und für lockere Töne plädieren. Umgekehrt ist das weniger leicht: so hat manche Übertretung in Sachen „Takt" an Hochschulen und auch sonst bei der Ankunft hoher Herrn sehr schnell den Abbruch der diplomatischen Beziehungen zur Folge, wenn nicht sogar den Einsatz der Ordnungskräfte. Für minder bemittelte und auf ihre Brauchbarkeit angewiesene Menschen ist es jedenfalls auch im 20. Jahrhundert ratsam, sich an der ursprünglichen Bedeutung von Grußworten wie „Servus" und „Ciao" zu orientieren und die Tonart anzuschlagen, die ihnen zusteht. An Flugblattverteilern und Bedienungen können sie sich dann die *Kompensation* verschaffen, die ihr ansonsten stark gebremster Materialismus benötigt.

5.
Das bürgerliche Individuum ist ein gelernter Heuchler. Es kennt sich also aus seiner eigenen Praxis sehr gut in dem aus, was andere so treibt, was sie meinen, wenn sie freundlich sind – und es entdeckt ohne Schwierigkeiten das Auseinanderfallen des proklamierten Anstands und des berechneten, also bedingten Umgangs mit ihm. Deswegen ist es auch fähig, die Heuchelei auf die Spitze zu treiben und im Namen der Moral andere der *doppelten Moral* zu überführen. Zwar ist an der Moral überhaupt nichts doppelt: ohne ihre Trennung von der Praxis gibt es sie nämlich gar nicht. Seinesgleichen und „Bessergestellten" mit *Kritik* an ihrem Tun wie an ihrer Interpretation desselben zu kommen – in einem Fall hätte die Aufdeckung von Fehlern die Interessen des Kritisierten zur Grundlage, im anderen Falle auch, nur mit dem unterschiedlichen Ergebnis, daß die Erklärung der Gegnerschaft herauskäme –, ist im „zwischenmenschlichen Verkehr" der bürgerlichen Individuen jedoch wenig ratsam. Anstand beweisen heißt vielmehr eben, sich als treuer Gefolgsmann des Scheins aufzuspielen, der sich an den Werken der ihn aufbauenden Mitmenschen blamiert. Dann gelangt man nämlich in den Genuß der *Schadenfreude,* die sich als äußerst berechtigtes Gefühl einstellt, sooft die Heuchelei anderer von Mißerfolg gekrönt ist. Es ist üblich, im Namen des Anstands andere zu verurteilen: für ihre fingierte und berechnende Zurschaustellung von Moral ebenso wie für deren schlichte Verletzung. Das Bedürfnis nach „Information" über fehlgeschlagene Versuche in beide Richtungen ernährt eine ganze Abteilung der Massenkultur, die sich der Dokumentation der Sentenz „Unrecht Gut gedeiht nicht" annimmt. In dieser Welt leben dann folgerichtig auch *gute* – weil raffinierte *und* herzliche – *Verbrecher,* die sich zusammen mit dem „unverschuldeten Unglück" ganz braver Leute gut ausnehmen. Der idealistischen Betätigung des subalternen Verstands sind nämlich keine Grenzen gesetzt – im Unterschied zum materiellen Erfolg der Individuen, die *im Einverständnis* mit den bürgerlichen Geboten zu etwas kommen wollen, ohne was zu *haben.* Eher kultiviert ein moralisches Subjekt, das den Materialismus in die Form des Conditionalis verbannt hat, sein Interesse in Gestalt des *Neides,* der für andere ebensowenig fordert, wie man selbst abkriegt, als daß es sich auf die objektiven Schranken besinnt, die seine Wünsche dazu verurteilen, welche zu bleiben. Die Erfahrung, daß die List des Heuchelns ihren Dienst versagt, ist für ein solches Individuum eben nur Anlaß, sich auch ohne zählbare Treffer zu behaupten.

§ 4

Auch die so offensiv ausgestaltete Unterwerfung unter das Erlaubte, die Beanspruchung eines *Rechts auf das eigene Wohl* ist nur bei einer Minderheit mit Erfolg im ökonomischen und politischen Leben verbunden, und auch dafür ist die Heuchelei nicht der Grund. Diese Minderheit findet aber immerhin einigen Anlaß, große Stücke auf die eigene Person zu halten, was sie in der gebotenen Einheit von Bescheidenheit und Stolz auch tut: Die eigene *Rechtschaffenheit* hat — im Verein mit etwas Glück — die Erfüllung jeglichen materiellen Bedarfs bewirkt und läßt ihn im Lichte der über ihn hinausgehenden ideellen und ästhetischen Genüsse schon fast wieder nebensächlich erscheinen.
Gerade wegen ihrer beschissenen Lage brauchen jedoch auch die Zukurzgekommenen auf dieses *Ideal von sich* nicht zu verzichten. Die Tatsache, daß ihnen die freiwillige Verpflichtung auf die gebotenen Grundsätze des Miteinander nicht gelohnt wird, verlangt ihnen nämlich eine eindeutige Alternative ab. Entweder sie betrachten die Welt, in der sie zu kurz kommen, objektiv, stoßen auf die Gründe dafür und tragen die Gegensätze aus, in die sie gestellt sind; oder sie behalten ihren moralischen Standpunkt bei, *glauben an ihre eigene Heuchelei* und legen sich die Haltung zu, mit der sie sich weiterhin in aller Freiheit an der akzeptierten Herrschaft abarbeiten können. Im zweiten, dem heutigen Normalfall, halten sie sich dann für anständige und tüchtige Leute, die sich eben deshalb nichts leisten können, weil sie Pech gehabt haben und es sie in eine Welt verschlagen hat, die ihren Fleiß und Anstand überhaupt nicht honoriert. Dem tagtäglich erneuerten Beschluß *mitzumachen*, tragen sie angesichts des mäßigen Ertrags durch ein *gutes Gewissen* Rechnung. Selbiges kriegen sie freilich nur durch den beständigen Kampf gegen das *schlechte Gewissen*, das sie sich aus dem Vergleich zwischen den Anforderungen des bürgerlichen Lebens, dessen Erfolgskriterien und ihrem ,,Versagen" bei deren Erfüllung einhandeln. In der ihnen entsprechenden Kombination von Selbstbezichtigung und Trost besinnen sich die gedeckelten Individuen der modernen Gesellschaft *auf sich*. Sie retten sich in die Vorstellung, bei allem mehr oder minder vergeblichen Bemühen *vortreffliche Persönlichkeiten* zu sein — und mit diesem ideellen Kriterium, dem die praktische Bedeutung jedes gewöhnlichen Menschen spottet, beurteilen sie sich und andere. Der freie Wille

gelangt so in den traurigen Genuß, sich immerzu zwischen *Scham* über den eigenen Mißerfolg und der Pflege des *Scheins enormer Verdienste* zu entscheiden. Dem Rest der Menschheit begegnet er als Richter, der neidisch jedermann der Vorspiegelung gar nicht vorhandener Größe bezichtigt und empfiehlt, man solle sich was schämen.

1.

Daß der Mensch ein *Selbstbewußtsein* braucht, ist nicht nur den gebildeten Leuten geläufig. Auch mit psychologischen Theorien gänzlich unbekannten Kreisen ist die Quintessenz der einschlägigen Lehren wohl vertraut; aus der politischen Agitation, wo die führungsbeflissenen Favoriten der Nation ihren guten Charakter werbewirksam zur Schau stellen; aus der Sportszene, wo es den Lieblingen des Volkes immer dann an Selbstbewußtsein gebricht, wenn sie nichts Rechtes zustandebringen – und aus „eigener Erfahrung" in Schule, Beruf und Liebesleben. Dabei verwechselt niemand jenen ominösen Besitz mit dem einfachen Sachverhalt, d a ß der Mensch seiner selbst bewußt ist, also *sich* im Unterschied zum Rest der Welt zum Gegenstand nimmt und reflektiert, was er an Bewußtsein von der Objektivität hat. Stets ist die in der bürgerlichen Gesellschaft übliche *Art und Weise* gemeint, in der sich das moralische Ich für seine Leistungen, deren Ertrag bzw. seine Mißerfolge zuständig erklärt. Es hält eben angesichts der praktischen Vereitelung seiner Ambitionen mehr oder minder große Stücke auf sich – und die meisten sehen in ihrem „Selbstbewußtsein" nicht das Produkt ihrer Anpassung, sondern die unabdingbare *Voraussetzung* für das Gelingen ihrer Werke.

Einerseits rettet sich so ein selbstbewußtes Subjekt, wenn es *im Einverständnis* mit den gesellschaftlichen Anforderungen handelt und *dabei* einige seiner Wünsche auf der Strecke bleiben, vor dem vernichtenden Urteil, es habe einfach nichts zu bestellen. Dazu trennt es seine *wirklichen* Leistungen und Erfolge von seinen *Fähigkeiten:* es will von sich wissen, daß es mehr *kann*, als es tatsächlich bewirkt. Andererseits stellt es fest, daß es wohl schon immer Treu und Redlichkeit geübt hat und dies auch bis an sein kühles Grab so halten wird, aber eben damit auf die Schnauze fällt. So gesellt sich zum Bewußtsein von der eigenen Tüchtigkeit das von der Güte, die man verströmt. Während im praktischen Leben die Verdienste der meisten Menschen für ziemlich gering erachtet werden und jeder Werktag eine harte Abrechnung präsentiert, leistet sich das Individuum mit seinem Selbstbewußtsein, das es sich zulegt, wenigstens theoretisch eine Bilanz der umgekehrten Art. So perfekt hat das bürgerliche Ich die Maßstäbe der Gesellschaft zu den seinen gemacht, daß es sich ihre Erfüllung zugute hält, auch und gerade wenn es sich nicht auszahlt. Es tröstet sich ganz einfach damit, daß es schwer in Ordnung ist, und läßt sich diesen Trost auch noch von seinen Benutzern verabreichen. In regelmäßigen Abständen sagen die hohen Herrn der demokratischen Hierarchie, wie wichtig Handwerker, Bauern, Schlosser und Gastarbeiter sind und daß es gar nichts ausmacht, wenn sie keine höhere Bildung aufweisen.

2.
In der Pflege des Ideals, das es sich *von sich* macht, legt das Individuum ein flottes Bekenntnis zu seiner Freiheit ab. Wenn es auf seine Rechtschaffenheit pocht, erklärt es seinen Willen, den Maßstäben der bürgerlichen Gesellschaft stets zu genügen, und hält sich in seinem Stolz nun endgültig für alles zuständig, was bei seinen Taten herauskommt. Das hat Konsequenzen für die „Deutung" der Mißerfolge, die es sich einhandelt: Ein moralischer Mensch entdeckt seine Mängel und Niederlagen sogleich in Gestalt unmittelbarer Selbstbezichtigung. Er hält nicht viel von Selbstkritik, dafür ist ihm die Übersetzung von sämtlichen Fehlern und Mißerfolgen in ein *schlechtes Gewissen* geläufig. Die *Scham,* die einen mit diesem „Selbstbewußtsein" ausgestatteten Knilch, also jedes erzogene Individuum befällt, bedarf nicht einmal mehr der verständigen Unterscheidung zwischen einer Bemühung, die ein Konkurrent, der Staat oder sonst eine maßgebliche Instanz unfruchtbar gemacht hat, und der unsachgemäßen Durchführung eines Vorhabens, einer Ungeschicklichkeit, eines falschen Vorgehens, das mangelnder Kenntnis oder Übung entspringt. Deshalb nicht, weil ihr Grund nicht im *Urteil* über das eigene Tun liegt, sondern im Anlegen des offiziellen Erfolgsmaßstabs an das, was man zustandebringt. Wer aus dem Willen, *in Übereinstimmung mit den Zwängen* des kapitalistischen Lebens und nur so Erfolg zu ernten, eine Lebensmaxime gemacht hat und sich in ihrer Erfüllung idealisiert, der *blamiert sich* eben nur noch *vor seinen eigenen Prinzipien* – die er für alles andere als für versubjektivierte Zwänge hält.
Im Schamgefühl, das sich bei einem Fehler ebenso einstellt wie anläßlich einer Verletzung des Benimms, den man befürwortet, entdeckt das Individuum die Wahrheit seines „berechnenden" Charakters, den es mit dem Gemeinspruch „Der Erfolg gibt ihm recht!" ansonsten behauptet. Es hört auf, sich berechnend zu geben; und im Interesse seines Interesses, das es ja nicht immerzu so sträflich vernachlässigen kann, wird es dann auch schnell wieder *unverschämt.* Darunter versteht man zurecht nicht die Praktiken der Heuchelei, sondern deren Unterlassung. Akzeptiert und üblich sind die Praktiken, durch die ein Mensch sein schlechtes Gewissen in ein gutes verwandelt: Jene Zusammenstellung von tausend guten Gründen dafür, daß es gar nicht anders handeln konnte als so, wie es seinem Gewissen eigentlich mißfällt. Damit *entschuldigt* sich der Mensch vor sich und vor anderen, die sich offensichtlich mit denselben Idealen drangsalieren und sie an jedermann als Maßstab anlegen, der ihnen in die Quere kommt. Die *Demonstration* des guten Gewissens, die Präsentation der vorzüglichen Gesinnung und Leistungsfähigkeit erspart dabei den lästigen Umweg über das Vorzeigen der Scham, die man mit sich herumschleppt, weil man ständig bemerkt,

wie wenig das Ideal der rechtschaffenen Figur Wirklichkeit ist. So laufen moderne Individuen außer mit viel Selbstzweifeln auch noch als *Angeber* herum und erzeugen vor Gott und der Welt den Schein, sie wären wunder wer und brächten lauter Großtaten zustande. Falsches Bewußtsein tritt hier unmittelbar als Lüge auf: über die eigenen Leistungen, über den Erfolg, den Verdienst, über die lauteren Absichten und über die großen Pläne, hinter denen man her ist, während man in der stinknormalsten Weise sein Zurechtkommen in der Welt bewerkstelligt, so wie es deren Ordnung gebietet.

3.

Die schönen Leistungen des bürgerlichen Verstandes bilden, zur *Gewohnheit* geworden, den sicheren Bestand des Gefühlslebens, über das ein moralisches Individuum verfügt. Das *praktische Gefühl,* die Form, in der die wollende Intelligenz unmittelbar auftritt, fungiert als Richter über alles, was ein Individuum so erlebt, indem es einen *Vergleich* nach dem anderen anstellt – und zwar zwischen seiner in Urteile über die Objektivität verwandelten *Einstellung* und dem, was die übrige Menschheit sagt und tut. Nicht einmal nur dann, wenn es seine Kommentare zur Welt mit der beliebten Formel „Ich finde ...“ einleitet, macht es sein „Selbstbewußtsein“ zum *Organ des Urteils,* was nichts anderes bedeutet, als daß das bürgerliche Subjekt die Einschätzung von Freund und Feind, von Recht und Ordnung, von Lohn, Preis und Profit, von Mann, Weib und Kind über lauter *Vorurteile* vollzieht. Der bürgerliche, rechtschaffene Mensch ist so frei, jede Geste und jeden Spruch seiner Zeitgenossen danach zu taxieren, ob sie seinem moralischen Materialismus entsprechen oder ihm gar nicht in den Kram passen. Dabei vermischen sich die wenigen Kriterien, die er als Aktivist des erfolgreichen Anstands beherrscht, entsprechend seinem Prinzip so gründlich, daß man meinen könnte, er hätte gar keine Prinzipien.

So können sich andere, unabhängig von dem, was sie gerade verlauten lassen, des Verdachts der Heuchelei, der Angabe und überhaupt des Egoismus immer sicher sein – aber auch die Einstellung des Verdachts kommt vor, und dann genießen die dümmsten Exemplare der Gattung das Vertrauen ihrer Mitmenschen. Ein Amt, ihre bevorzugte Stellung, vielleicht auch ihre inferiore, wirkt da Wunder. Politiker, Vorgesetzte und einflußreiche Verwandte erfreuen sich einer ganz anderen Bemessungsgrundlage bei dem, was sie leisten und vertreten, als sonst irgend ein Wicht, der zwar dieselben Sentenzen von sich gibt wie ein Minister oder Wissenschaftler, jedoch keiner ist. Was dem einen voller Respekt abgekauft wird, gilt beim anderen als anmaßend oder beleidigend – und das kommt daher, weil ein moralischer Mensch wie selbstverständlich davon ausgeht, daß es eben Unterschiede gibt zwischen den Leuten und „folgerichtig" auch in dem, was man von ihnen zu halten und zu verlangen hat. Der moralische Opportunist berechnet seine Abhängigkeiten, die vorhandenen und zu gewärtigenden, und zieht mit traumwandlerischer Sicherheit das passende Register. Die *Kammerdienerperspektive* ist kein Vorrecht gehässiger Geschichtsschreiber mehr, sondern erfreut sich – wie es sich in einer Demokratie ohne Privilegien gehört – allgemeiner Anwendung. Wenn es beliebt, machen ganz gewöhnliche Leute ohne das geringste Argument die Taten anderer herunter und aus ihrem Neid kein Hehl, sie prahlen mit Bekanntschaften aus besseren Kreisen und lästern gleichzeitig über den Anlaß ihres Stolzes. Subalterne Figuren in ihrer Umgebung bedenken sie mit dem Kompliment, sie seien „nett"; und wenn einer kommt und behauptet das Gegenteil, ohne es mit „ich finde" einzuleiten oder mit einem „irgendwie" im Satz nichts Genaues nicht gesagt haben zu wollen, ohne also seinem ganz unsicheren Geschmack ausdrücklich Ausdruck zu verleihen, hat er ganz ohne Prüfung seines Urteils alle Sympathie verspielt – es sei denn, es handelt sich um einen Staatsmann. Der darf nicht nur faschistische Sprüche in die Welt setzen, ohne die geringste Relativierung; seine gar nicht selbstzweiflerisch vorgetragene Behauptung, die Leute im Lande müssen gesünder leben und fleißiger sein, ist schon ein halbes Wahlprogramm. Wenn er in einer Pause zwischen seinen gesetzgeberischen und Regierungsaktivitäten dann die Parole ausgibt, daß, wer auf seiner Meinung einfach bestehe und eine kritische hat, erstens *dogmatisch* sei und sich zweitens den Verdacht gefallen lassen müsse, ein *Gewalttäter* zu sein, dann geben wohlerzogene Bürger nicht etwa den Gewaltvorwurf zurück, sondern freuen sich enorm über die geheuchelte Unsicherheit des maßgeblichen Mannes. Unschwer auszumachen, was die demokratische Seele da treibt: es ist der Materialismus von Persönchen, die *ihre Bereitschaft* zur Unterwerfung *anderen als Pflicht* verordnen möchten. (Vgl. § 6)

(Solche Umgangsformen sind sogar im Bereich der Wissenschaft die einzig erwünschten. Auch dort wird nicht frei argumentiert mit der Unterstellung, anderen Gelehrten ginge es ja wohl auch um richtige Aussagen über ihren Gegenstand, so daß ihnen an korrekter Kritik einiges gelegen sei. Die psychologisch-moralische Seite des Wissenschafts*pluralismus* besteht in der bemerkenswerten Leistung, daß auf die Autorität des Wissens durchaus erpichte Individuen lauter idiotische *Argumente für Skepsis* erfinden: Sie machen Höflichkeit und Heuchelei im Reiche des Geistes auch noch salonfähig, indem sie ihre eigenen Einfälle prinzipiell mit dem Verdacht des Irrtums belegen, um dafür umgekehrt gegen jede fremde Theorie denselben prinzipiellen Vorbehalt ohne die Spur eines vernünftigen Einwands vorzubringen. Das Geschäft solchen Denkens ist auf die *Anerkennung* jeglichen

Mists aus, den einer drucken läßt — und niemand meint dabei die Anerkennung der *Objektivität* seiner Gedanken, von *Wissen*. Mit der Waffe der „Irrtumsmöglichkeit", der breit geheuchelten Sorge vor Hybris und Dogmatismus, verschafft sich jedwede Hypothese, jegliches „Modell" einen Platz im geschätzten Spektrum der freien Geistesleistungen. Da wird nicht um Wahrheit gestritten, sondern der Austausch von sehr interessierten und deswegen interessanten „Entwürfen" organisiert, und für diesen „Streit" um *Erkenntnisinteressen*, also um eine Barbarei, gibt es einen Jargon und feste Gebote. (Vgl. Resultate 7 /S. 74 ff.) Als unverschämt gilt auch hier nicht das Desinteresse an Wissen und Kritik von Fehlern, sondern der Wille, falsches Zeug auszuräumen und richtiges an seine Stelle zu setzen. Ein Argumentieren, das sich nicht im Augenblick seines Stattfindens, bedenklich gegen sich selbst, zurücknimmt, gilt als (Vorbote von) Gewalt. Sätze wie der folgende aus einer Rezension, die übrigens auch im Vorwort des Autors stehen, sind die allseits verbindliche Übung: „Insgesamt werden mehr Fragen aufgeworfen als beantwortet, was wichtig und gut ist, denn absolut Gesichertes wissen wir ja immer noch nicht über dieses Thema." So werden Bücher zum Beweis des Unwissens verfaßt *und* begrüßt, und auf den Einfall, daß einmal ein Stück Unklarheit beseitigt wird und Wissen herkommt, verfällt keiner. Für diesen Betrieb ist es noch nicht einmal nötig, sich mit dem zur Debatte stehenden Gegenstand bekannt zu machen — er wird als *Problem* ein- und ausgeführt, womit der Bescheidenheit *und* der Größe der Dichter gleichermaßen Genüge getan ist ...)

4.

Dem moralischen Individuum gilt die Vernunft überhaupt nichts, weil es sich in seiner Rechtschaffenheit als den leibhaftigen Inbegriff des Vernünftigen feiert. Sein „Selbstbewußtsein" gebietet ihm, jede Einsicht in irgendetwas als „graue Theorie" und jeden Anstoß zur materialistischen Gegnerschaft gegen die Verhältnisse, denen es gerecht werden will, als Angriff auf seine Freiheit abzuwehren. Rührt sich in seiner Umgebung in dieser Hinsicht etwas, so geht einem anständigen Bürger wie nichts die Ermahnung über die Lippen: „Seid doch vernünftig!" – und diese seine *Definition von Vernunft* als umsichtiges Mitmachen hat selbst in Kriegszeiten, wo es um Leben oder Tod fürs Vaterland geht, massenhaft Anhänger. Sie legitimiert sich durch den Verweis auf die geringen Erfolgsaussichten, in normalen Zeiten auch noch mit einer Variante des Gebots, *Toleranz* zu üben. Das zum Anpassen bereite Subjekt schwingt sich da schnell zum Fürsprecher von Prinzipien auf, die es zu den seinen erklärt, ohne je mit seiner geballten Erfindungsgabe auf sie verfallen zu sein – ja es nimmt auch die von ihm „tolerierte" Gewalt in Schutz und bescheinigt ihr, bloße „Reaktion" zu sein auf die „Unvernunft" der anderen. Wenn alle sich so benehmen würden wie er, so meint der brave Mann, dann bedürfe es keiner Einschränkungen von niemandem, weil sich ja alle selbst zusammennehmen.

So nehmen rechtschaffene Leute, die mit ihrer Unzufriedenheit ihren Frieden gemacht haben, lässig den Titel „Vernunft" für sich in Anspruch, wenn sie dem Inhalt ihrer Sprüche nach jedes Vorgehen gegen aufmüpfige Zeitgenossen legitimieren. Und von der Warte dieser Vernunft aus erscheint ihnen das Aufbegehren anderer Leute als ein Werk *„bloß" gefühlsmäßiger* Betätigung, nicht kontrollierter *Empörung*, ja sogar als ungerechtfertigter „Moralismus"; umgekehrt ist denselben Menschen, wenn die solchermaßen Angegriffenen den Inhalt ihres Anliegens begründen, als vernünftig nachweisen, auch die gegenteilige Bezichtigung geläufig. Dann *berufen* sie sich auf die Unmittelbarkeit *ihres Gefühls* und tun so, als wäre der schiere Versuch, andere von einer Sache zu überzeugen, sie mit Argumenten statt mit Anbiederung für sich einzunehmen, ziemlich „unmenschlich". Im Namen der von ihnen praktizierten „Vernunft", unter der sie eben das „natürliche" Eingehen auf die ihnen gesetzten Bedingungen verstehen, stellen sie sich als gefühl*volle*, ihre Kritiker als gefühl*lose* Hänger hin, und am Schluß erfinden sie die Gefahr einer *„kalten Rationalität"* – und das bedeutet dann so viel wie „Rücksichtslosigkeit" und „Machtanspruch". Das moralische Subjekt, das mit seiner Gewohnheit gewordenen Unzufriedenheit schließlich sich selbst schätzt und zufrieden ist mit der „Vernunft" seines Opportunismus, bringt also locker den *Gegensatz von Gefühl und Verstand, Seele und Intellekt* in die Welt. Je nachdem es den *Inhalt* seiner Anschauungen und Werke als dem Menschen adäquate Gefühlshaltung verteidigen oder als allgemein verbreitete, „also" wohl vernünftige Betätigung seines Geistes propagieren will, ist dieses Subjekt so frei, einmal Gefühle hochleben zu lassen und im nächsten Atemzug Berechnung zu fordern. Und zwar beides im Namen der Vernunft. So ist es gar nicht verwunderlich, daß Kommunisten einmal als idealistische Spinner, die es gut meinen, abserviert werden, das andere Mal aber als gefährliche Typen angegeifert werden, die einen mit intellektuellen Finessen, der Dialektik, aufs Kreuz legen wollen und vor nichts keine Ehrfurcht haben, weil sie die Menschheit knebeln möchten. Gegen beides verwahrt sich selbstverständlich eine von ihrer Rechtschaffenheit überzeugte Persönlichkeit und beharrt auf ihrer Freiheit, die sie gründlich genießt – und da der Genuß keiner ohne Reue ist, vollzieht er sich eben als selbstgerechte Demonstration der eigenen Vortrefflichkeit, die sich an Frauen und Kindern, Ausländern und Minderheiten so schön bewährt. Denen gegenüber, die das Sagen haben, sieht die Demonstration etwas anders aus; und schon im Angesicht erfolgreicher Konkurrenten meldet sich der Materialismus, den man so anständig verleugnet, in Gestalt des schlechten *und* guten Gewissens zu Wort: als Scham und Neid ...

5.

NIETZSCHE, der die Moral und die ihr entspringenden Techniken der Selbstverleugnung haßte wie die Pest, ist angesichts der Allgegenwart solch trostloser Individualität auf den Fehler verfallen, den *Willen gegen die Moral* zu stellen – als ob im moralischen Subjekt kein (freier) Wille am Werk wäre. So hat er den „echten" Willen verehrt und ein Ideal der Freiheit ersonnen, in deren Genuß die Menschheit kommt, sobald sie die „Fesseln" der Moral abstreift. Die Verherrlichung des keinem Gebot unterworfenen freien Willens, der Tatkraft ungehemmt entschlußfreudiger Individuen hat ihm den blöden Vorwurf eingetragen, er sei ein Vorläufer von Hitler. Dieser Vorwurf, auch und vor allem von linken Parteigängern des „Gesellschaftlichen" (auch ein Strickmuster für die abstrakte Verpflichtung aufs Miteinander) vorgetragen, zeugt davon, wie sehr die Geistesgrößen in der universitären Brotgelehrtengemeinschaft von Moral begeistert sind: Wo Nietzsche ausspricht, daß er auf die Werte pfeift und sie alle umwerten will, fällt ihnen nur eins ein, daß das eine Todsünde ist. So ersparen sie sich auch in diesem Fall einen richtigen Einwand, weil sie eben für die heilsamen Werke ethischer Zügelung sind.

Dabei kann einem in den Angriffen eines Nietzsche auf das moralische Subjekt – zusammengefaßt in Aphorismen der Art: „Was ist das Siegel der erreichten Freiheit? – Sich nicht mehr vor sich selber schämen." – zweierlei auffallen:

Erstens, daß hier die Entscheidung über Freiheit zwar gänzlich in das Belieben des Individuums fällt, das sich aber nicht etwa selbst einschränkt, sondern bei der Selbstbezichtigung mit einer seinem Willen fremden und feindlichen Größe im Streit liegt; daß für Nietzsche ein *objektiver Grund*, Gewalt und Herrschaft, von dem die Praxis der Selbstkontrolle ihren Ausgang nimmt, nicht vorhanden ist. Insofern denkt der Moralkritiker sehr psychologisch, als er den moralisch verfahrenden Willen in den eigentlich freien Willen und die ihn drangsalierende Fessel zerlegt. Dies erspart dann einem Denker, der den Aufruf erläßt, das Schämen bleiben zu lassen, jeden Gedanken an die Instanzen, die es unabhängig vom Individuum gibt, die über Druckmittel verfügen und dem freien Willen sein Wohlverhalten diktieren, das der Einzelne dann in seiner Rechtschaffenheit und dem zugehörigen Gewissen an den Tag legt.

Zweitens, daß die Devise des „Sich nicht mehr Schämen!" von den moralischen Subjekten, gerade weil sie welche sind, gekonnt befolgt wird. Der *Christenmensch*, den Nietzsche so verachtet, ist geradezu ein Virtuose der Kunst, sich der Scham auch wieder zu entledigen. Mit seinem schlechten Gewissen, das ein Christ gleich von allen einzelnen Untaten ablöst, indem er sich ganz grundsätzlich einen Sünder schimpft, räumt er nämlich ziemlich listig auf. Erst dehnt er es auf alle aus – „Wir Menschen sind Sünder!" –, dann hebt er sich von allen Nicht-Gläubigen durch eben dieses Bekenntnis ab. In Buße und Beichte wirft er die Last des Gewissens ab und erfüllt die Anwartschaft auf das Reich der Gerechten an der Seite von Jesus. An den folgenden Werktagen wird er dann wieder seiner Sündernatur inne, um in gewohnter Selbstgerechtigkeit sich wieder auf seinen inneren Weg zu seiner Rettung zu machen ...

6.

Die christliche Schiffschaukel des opportunistischen Auf- und Abwertens eigener und fremder Sünden beherrschen freilich auch in der Bibel minder bewanderte Normalbürger. Kritisiert einer tatsächlich einmal was am bürgerlichen Betrieb, ist er ohne eigenes Zutun ein Kommunist und soll einen Besen vor seiner eigenen Tür zum Einsatz bringen – und ehe er sich's versieht, liegt seine Tür am Fuße des Ural. Einem Menschen, der auf seine Rechtschaffenheit sinnt und darauf auch noch stolz ist, kann man sagen, was man will, weil er der festen Überzeugung ist, daß er sich sowieso von niemandem nichts zu sagen lassen braucht. Er wahrt seine Freiheit, sich den Lauf der Welt auf *seine* Weise vorzustellen, quasi als *Ehre,* die er sich nicht nehmen läßt. Das heißt umgekehrt nicht, daß er auf sein *Urteil* etwas *gibt,* sondern unter den ihm tagtäglich per Zeitung und Fernsehen angebotenen Meinungen die als die seinigen übernimmt, die seinem Opportunismus samt den dazugehörigen Enttäuschungen am ehesten entsprechen. Er mißt jede Bemerkung anderer Leute 1. nach der Bedeutung dessen, *wer* da spricht, und 2. an den eventuellen Konsequenzen, die sie, als Wahrheit anerkannt, für den eigenen Lebenswandel *hätten,* der im übrigen eine beschlossene Sache ist. Kurz: er *glaubt* den Deutungen des kapitalistischen Geschehens, die seiner Einstellung recht geben – und umgekehrt behauptet er seine Einstellung als die notwendige Konsequenz seiner *Weltanschauung,* die er gern als gesicherten Einblick in die Menschennatur, als sein *Menschenbild* zur Kenntnis gibt.

Der Witz an den einschlägigen Gedankengebäuden ist damit schon verraten: Bei allen schlechten Meinungen, die sich ein moderner Mensch von seinen Zeitgenossen zurechtlegt, versäumt er nicht, neben der eigenen Ausnahmeerscheinung die *Notwendigkeit* aller Einrichtungen und Sitten zu erfassen. Daß die von ihm begrüßten Ordnungsmaßnahmen die von ihm verachteten Verfehlungen gar nicht verhindern, wird ihm dabei kaum zum Problem. Als gestandener Reaktionär – und das ist jeder mit einer Weltanschauung – behilft er sich mit der Konstruktion des „Was wäre erst, wenn..." und zeigt sich sehr einsichtig gegenüber allen Zwängen, denen er sich unterwirft – natürlich nur wegen der anderen, die sich sonst überhaupt nicht mehr beherrschen könnten. Ganz im Sinne seines heuchlerischen Geschicks gibt er Idealisten aller Couleur „in der Theorie" recht, behauptet aber, daß ihre frommen Absichten „in der Praxis" wohl nicht zu verwirklichen seien. Sie scheitern an der „Menschennatur", an der alle guten Ideen zuschanden werden. Bei der Konstruktion von Notwendigkeiten, die ihm plausibel machen, daß er mit seiner Lebensführung schon richtig liegt, ist ihm kein Einfall zu blöd, wenn er nur irgendwie dazu taugt, ihm zu „erklären", weshalb er nichts weiter ausrichten kann – ihm aber eben damit den Trost verschafft, das Geheimnis der Weltenläufte mit ihren Unannehmlichkeiten zu kennen. Ganz gewöhnliche Bürger verfügen über Verschwörungstheorien in Sachen Weltpolitik, über obskure Thesen bezüglich ihrer Krankheiten sowie über fabelhafte Kenntnisse sämtlicher *Hinter*gründe des öffentlichen Lebens. Mitten im 20. Jahrhundert, wenig später als zu der Zeit, als die Aufklärung gewisse Geister befiel – die waren der Überzeugung, daß Wissen eine nützliche Sache sei –, gibt es nicht nur einen *Glauben,* in dem sich der Mensch einen Gott nach seinem Bilde einbildet, sondern auch jede Menge *Aberglauben* und kundigen Umgang mit Gestirnen.

Dieselben Subjekte, die sich in albernen Vorstellungen damit abfinden, daß sie nichts weiter gelten, aber theoretischerweise völlig Herr der Lage sind, hängen nebenbei ziemlich phantastischen *Tagträumen* nach, in denen sie ganz große Sachen vollbringen, es anderen und sich selbst zeigen, wie sehr sie dem Ideal von ihrem Können und ihrer Tugendhaftigkeit entsprechen. Und als Realität entdecken sie ihre erträumten Leistungen in anderen leibhaftigen Persönlichkeiten, die etwas darstellen und insbesondere der Jugend als *Vorbild* dienen, so daß mancher als depperte Kopie seines Idols wofür ein Star ebenso gut taugen kann wie Vati – seiner Umgebung auf die Nerven fällt.

7.

Die eindeutig höchste Unterabteilung der Freiheit, die des Geistes, kümmert sich rührend um die guten Sitten. Prinzipiell in allen Geistes- und Gesellschaftswissenschaften, wo die bürgerliche Welt, also all das, womit sich ein modernes Individuum einverstanden erklärt in seiner Gesinnung und seinem Wohlverhalten, als unbedingt notwendig und natürlich und menschlich dargestellt wird. (Vgl. RESULTATE 7: Die bürgerlichen Geistes- und Gesellschaftswissenschaften.) Ganz speziell in einer Abteilung namens „Ethik" oder „praktische Philosophie", die sehr unpraktisch genannt zu werden verdient. Sie sucht nämlich *die Moral* als eine „dem Menschen" angemessene Tour *zu begründen.* Darunter versteht man im heutigen Denkbetrieb nicht eine Erklärung, so daß die moralische Abwicklung sämtlicher Gegensätze – zwischen Staat und Bürger, den Klassen, Alt und Jung, Mann und Frau etc. – auf einen *Grund* zurückgeführt wird. Das ethische Philosophieren nimmt sich nichts Geringeres vor, als *jenseits der wirklichen Gründe,* die ja praktisch existieren und in den Erklärungen der ökonomischen und politischen Herrschaft des Kapitals längst bekannt gemacht sind (Vgl. K. MARX: Das Kapital I-III sowie RESULTATE 3-5), die Moralität als unabdingbare Grundlage und Zweck allen Zusammenlebens zu deduzieren. Diese Liebhaber sittlicher Herrschaft stellen Fragen des Kalibers „Was darf der Mensch?", „Was sollen wir tun?" etc. nicht, um Auskünfte über die geltende, befolgte wie verletzte Moral zu geben; sie tun glatt so, als hätte die Welt auf sie gewartet, um Prinzipien des anständigen Benehmens zu erfahren, auf daß das irdische Dasein einen dem „homo sapiens", dem „zoon politikon" und dem „cogitoergosum" würdigen Knigge erhalte. Die Leistung des freien Willens sehen sie ziemlich a priori in seiner Selbstbeschränkung – ganz als ob es nichts Wichtigeres zu tun gäbe! Sie sind Fanatiker der *Gewaltlosigkeit im Conditionalis,* des Friedens, der über die Erde *käme,* wenn „die Menschen", allesamt, Zurückhaltung gegenüber anderen üben *täten.* Von diesen Philosophen hat noch keiner einen rücksichtslosen Friedenspolitiker, entwicklungshilfesüchtigen Außenminister, einen Bundeswehrgeneral oder einen ost- und südhandelnden und investierenden Kapitalisten angepöbelt – dafür erteilen sie ständig allen *Menschen,* die ihnen als Idealisten ziemlich *gleich*gültig sind, Lehren. Im Spannungsfeld zwischen Recht und Pflicht werden da für philosophische Übungen allerlei öde Grenzsituationen zusammenkonstruiert, die sich immerzu um Mord und Totschlag drehen und mit Vorliebe die Welt als Legitimationsproblem des Menschen im Notwehrfall darstellen – von der Euthanasie bis zum Krieg wird da alles durchgesprochen, aber selbstverständlich nur sub specie erlesener Gewissensbisse und nie als Urteil über staatlichen Tötungsauftrag.

Da wird an Universitäten die großartige Frage gewälzt, ob man lügen dürfe! – und kein Funken Verstand darauf verschwendet, warum die Leute lügen wie gedruckt und zugleich von den kurzen Füßen wissentlicher Falschaussagen überzeugt sind. Das Problem wird im Oberseminar „konkret" angegangen: alle denken sich einen Sterbenskranken, dem man mit besten Wissen und Gewissen erzählen darf, daß er das nächste Sechstagerennen gewinnt. (Warum sollte man ausgerechnet den dösenden Opa für voll nehmen, wenn man schon mit den normalen Leuten, die sich noch die Zähne selber putzen, nicht ehrlich verkehrt?) Wenn die Probleme dieses Kalibers glücklich gelöst sind, also eigentlich der Codex fürs menschengerechte Wohlverhalten mit KANTs Hilfe und christlicher Nächstenliebe fertig ist, fällt manchen Rittern der Humanität, die aus den Sitten kommt, noch etwas ein bzw. auf: Daß im Namen der Moral Herrschaft ausgeübt wird und manches verbrochen zu werden pflegt, was weder gesund ist noch die Stimmung hebt. In etwas verquerer Weise setzen sich die Brüder von der Ethik-Front dann also doch noch mit der Realität auseinander. Sie verlangen mit ihrem gesamten Idealismus vom staatlichen Terror (der ja sein muß: homolupus!), der weder im Frieden noch im Krieg vor dem Willen der unzulänglich rechtschaffenen Individuen haltmacht, daß er sich *legitim* vorführt! Im erzdemokratischen Gedanken einer moralisch einwandfreien Beaufsichtigung des individuellen Materialismus (= Eogismus) geschieht es dann sogar, daß eine philosophische Kritik von Herrschaft stattfindet – und die sieht dann auch entsprechend aus: Mit Platon wird sich nach königlichen Philosophen oder philosophisch bewanderten Herrschern gesehnt, sooft die Herrschaftspraxis vergangener oder gegenwärtiger Regimes den Geschmack des qua Moral immer für Herrschaft eintretenden Ethikers, *sein* gutes Gewissen in Sachen Humanität strapaziert. Oder es wird sich gleich gegen die „Überschätzung" der menschlichen Vernunft gewandt und – in schöngeistiger Abstraktion von allem Terror, der die Demokratie ins Leben gebracht hat und von ihr auf diesem Globus ausgeht – im Namen eines „kritischen Rationalismus" für Demokratie gestritten. Mit dem „Argument", die würde in der Einsicht in das menschlich allzumenschliche Irren *gründen*! Die einschlägigen Nuancen dieser ziemlich unpraktischen Stellung der „praktischen Philosophie" zur Welt sind gern gesehen; weil sie einem *moralischen* Subjekt Staat das Wort reden, kommen sie nie in den Verdacht der Subversion, die Philosophen – auch wenn ab und zu ihr theoretischer Humanismus in Sachen Umwelt, Abtreibung und Atomkraft zu anderen Schlüssen gelangt als die praktischen und „verantwortlichen" Politiker. Letztere holen sich aus dem philosophischen Betrieb die Argumentationsbrocken für die Zurschaustellung ihres schlechten Gewissens, das damit auch schon als gutes dasteht. Sie tun einfach so, als wären für sie Herrschaft und Geschäft dasselbe wie für die geistige Elite: ein *moralischer Auftrag.*

8.

Die Anmaßung von *philosophischen Geistern,* die ihren Zeitgenossen eine „Ethik begründen", lebt von der luxuriösen Ignoranz der Gründe dafür, daß für eine erkleckliche Mehrheit auf dem Globus weder Fressen noch

Moral verfügbar sind, und daß für die Mehrheit der zivilisierten Minderheit die Moral garantiert ist, das Fressen also nur sehr bedingt. Diese praktischen Philosophen haben aber einen Ersatz für Wissen auf Lager, der es voll tut: eine schlechte Meinung vom „Menschen" und seiner Natur, jedoch eine gute von sich selbst als echtem Humanisten. Ihre Gabe der Besinnung über alles, was „unser Zusammenleben" erträglich machen könnte, beweist ihnen ihre exklusive Menschlichkeit, mit der sie dann die auf höheren Blödsinn erpichten Leute beglücken. Sie sind die zum Berufsstand aufgestiegenen Repräsentanten des schlechten wie guten Gewissens, hegen und pflegen also getrennt vom wirklichen Leben der bürgerlichen Gesellschaft deren Ideale und entdecken in den Sitten des freien Westens ein unvollkommenes Eden der Menschenrechte und -pflichten.

Leider stehen den Denkern in Sachen Moralität die *Dichter* kaum nach. Als Leute, die ihre *subjektiven* Eindrücke für so wichtig halten, daß sie ihnen in schöner Gestalt zu einem objektiven, von ihrem innersten Erleben getrennten Dasein verhelfen; als Verehrer ihrer Einbildungskraft, die „es" immerzu drängt, wildfremden Menschen die Bilder, die sie sich von der Welt machen, mitzuteilen; als ganz exquisite Individualisten, die ihrem Sensorium die Leistung zuschreiben, der conditio humana ihre großen und kleinen Geheimnisse abgelauscht zu haben, und so auf ihre Weise – ohne den Umweg der Wissenschaft – die Identität ihrer Gedanken mit dem, was auf der Welt gespielt wird, behaupten – als Subjekte einer extra Literaturgeschichte haben die Künstler so manche Handlung und manchen Konflikt erfunden. Nur selten aber ist es ihnen gelungen, in ihren Geschichten den Begriff der Akteure zur Anschauung zu bringen, die sie erdacht haben. Gewöhnlich treiben sich ihre Charaktere in Widersprüchen des alleredelsten Kalibers herum, so daß auch ihre Moralität nicht als solche zur Darstellung gelangt, sondern als der höchste Zweck und das Lebensproblem der Figuren. Der Kanon der bürgerlichen Nationalliteraturen besteht von den jeweiligen Klassikern bis zur Moderne größtenteils aus aufwendigen Bebilderungen irgendwelcher Konstellationen von miteinander im Streit liegenden Prinzipien: Da liegen sich Recht, Pflicht und Neigung in den Haaren; Ehr' Lieb' und Vaterland kommen sich in die Quere; Wissen und Macht, Leben und Tod oder ganz einfach Gut und Böse hauen aufeinander ein, so daß die armen dramatis personae wie bloße *Allegorien* herumlaufen.

Das kommt den professionellen Interpretierern sehr gelegen, weil sie im „Erbe", um das sie einen ideellen Zuordnungsstreit führen, sowieso immerzu nur „Sinn" suchen, zeugt aber – um nochmals ganz pauschal zu urteilen – davon, daß die meisten Künstler ihre Phantasie unter das sehr persönliche Gebot gestellt haben, sie solle ihnen ermöglichen, „mit ihrem Gemüt ins Reine zu kommen". Von dieser zum Beruf in der bürgerlichen Gesellschaft gewordenen Tour, in der eigenen dichtenden Seele eine ganz *besondere Form der Rechtschaffenheit, die* tief empfundende *Humanität* auszumachen und deren Probleme der lesenden Menschheit zur Erbauung anzudrehen, zeugen außer den Werken dieser luxuriösen Spezies auch ihre Vorworte, Vorspiele auf dem Theater, ihre methodischen Schriften zur Kunst, ihre Briefwechsel und die Verrückten und Selbstmörder unter den Poeten. Da gibt es eine vollständige Skala: von der romantischen Seele, die an der Welt verzweifelt und sie doch liebt; vom sich ständig problematisierenden Künstler-Ich, das um seine Lauterkeit ebenso besorgt ist wie um seine Anerkennung; über die Barden des sozialen Elends, das sie als Widerspruch zum Reichtum einer Gesellschaft bemerken, die sich Dichter leistet, so daß sie sich ein Gewissen daraus machen und die Armut mit Versen beklagen – bis hin zum modernen Gelabere über gesellschaftliche Rollen, Aufträge und Verantwortungen des Poeten, wo auch das Schielen aufs Publikum salonfähiger Wille zur Botschaft geworden ist, haben die Literaten manches Zeugnis dafür geliefert, wie sehr es ihnen auf sich und ihr Gewerbe ankommt *und* daß sie ihren Geist auf keinen Fall für ein freies Urteil über die Welt mißbrauchen wollen. So schlagen sie sich bis auf den heutigen Tag mit der armseligen Alternative ihrer Laune herum, deren einzige Freiheit darin besteht zu entscheiden, ob in ihren Opera *des Glückes Unmöglichkeit oder seine Erfüllung* erbaulich vorgeführt zu werden hat. Nach der einfältigen Leistung Brechts, die scheiternde Moralität, die Güte des Menschen, die in der Welt (noch) keinen Platz hat, explizit zum Gegenstand seiner Dichtungen zu machen, stand nur noch ein Übergang an: die psychologische „Problematik" zu bebildern und den Krieg zwischen Gefühl, Verstand, eigentlichem Ich und verdrehtem Willen auf die Karte zu setzen, und den Produkten der künstlerischen Phantasie endgültig den Stempel moderner Theorien des Menschen und seines nach „Selbstverwirklichung" strebenden Ich aufzudrücken. Heiter ist die Geschichte des literarischen Sittlichkeitswahns nicht, auch nicht in ihren unumgänglichen Versuchen, unmoralisch zu werden; und erbaulich auch nicht übermäßig, es sei denn, sie kommt ohne Prätention daher: als Western, Krimi oder science fiction, wo man keine Zweifel zu haben braucht, welche Botschaft in einem Sheriff, Verbrecher oder Roboter steckt ...

TEIL II:

Die Bewährung des bürgerlichen Individuums in seiner Heimat, der kapitalistischen Gesellschaft

Die bürgerlichen Individuen eignen sich selbstverständlich nicht zuerst ihre Manieren an, um sie dann in der Welt auszuprobieren. Sie richten ihren Verstand nicht an den Prinzipien des Wohlverhaltens aus, *bevor* sie diese Prinzipien zum situationsgemäßen Anpassungsprogramm ausgestalten. Die hier vorgenommene Trennung ist eine theoretische, die darauf abzielt, die Leistungen eines abstrakt freien Willens in ihrer „Logik" darzustellen. Insofern besteht auch kein Grund anzunehmen, es gäbe diese Logik außerhalb der immerzu praktizierten Bescheidung des Individuums in den Umständen, die es für Mittel seines Erfolges hält.
Wenn die bisherigen Bestimmungen bürgerlicher Individualität „nur" die in den all- und sonntäglichen Reden und Taten exekutierten *allgemeinen* Techniken des Mitmachens darstellen, so ist das freilich kein Einwand gegen ihre *Objektivität.* Und weil die Grundsätze bürgerlichen Wohlverhaltens den konkreten Verkehrsformen entnommen sind, die im II. Teil festgehalten werden, liest sich dieser Abschnitt auch wie eine Sammlung von „Beispielen" für die „Methode" des sich selbst berechnend zügelnden Willens.
An einem „Katalog" von Belegen ist uns aber nicht gelegen. Was gezeigt werden soll, ist nicht weniger als das, was die Überschrift besagt: daß sich das moralische Individuum im Bewußtsein seiner Freiheit in der bürgerlichen Gesellschaft *zu Hause fühlt.* In sämtlichen Belangen mobilisiert es stets aufs neue seine Kräfte, um aus jeder Beschränkung eine Erlaubnis, aus der Erlaubnis eine Gelegenheit, aus den gebotenen Chancen die Freiheit, sie zu nützen, herauszulesen; und sooft es mit den Resultaten seiner auf diese Weise errungenen Freiheit nicht zufrieden ist, bleibt ihm der Trost, daß ihm auch noch die Unzufriedenheit – mit sich und den anderen – zugestanden wird. *Wie* das bürgerliche Subjekt sein Selbstbewußtsein in allen Lebensbereichen zur Geltung bringt, so daß es die Kritik am bürgerlichen Getriebe unmittelbar als eine *an sich* auffaßt, die es „sich nicht gefallen zu lassen braucht", zu welcher Sorte *Kritik* sein *Einverständnis* führt – und wie es sich darüber zum Nutznießer oder Opfer voranarbeitet, soll also in den folgenden vier Paragraphen Thema sein. Dabei wird nicht der Beweis geführt, *daß* bürgerliche Individuen so verfahren, wie im I. Teil behauptet wurde; vielmehr stellt sich heraus, daß sich die

Anstrengungen zur Selbstkontrolle *zum „Charakter" verfestigt* haben müssen, damit sie angesichts dessen, was mit den Leuten angestellt wird, immer wieder funktionieren. „Bewiesen" wird also nur, daß es die Verfahrensweisen des moralischen Menschen – der sich etwas darauf zugutehält, daß „nur" seine Selbstkontrolle, nicht aber „er selbst" überwacht, belohnt oder bestraft wird – als jederzeit anwendungsbereite Gewohnheit, als „zweite Natur" *gibt;* und daß er diese in seiner Erziehung und in begrenzten Erfahrungen des bürgerlichen Daseins erlernte zweite Natur so schätzt, daß er aus zusätzlichen und schlechteren Erfahrungen auch nicht klüger wird ...

§ 5

Ein Individuum, das es im Bewußtsein seiner Freiheit bis zum Ideal der Rechtschaffenheit bringt, leistet sich in der Abwicklung aller seiner Geschäfte ein Quidproquo, das es in sich hat. *Seine Einstellung* zu den gesellschaftlichen Verhältnissen, seine Bereitschaft, sich zu fügen, läßt ihn die bürgerliche Welt als eine sehen, die genau für ihn *als Menschen* eingerichtet ist. Sie kommt ihm mit ihren Rechten und Zugeständnissen, mit ihren Geboten und Offerten entgegen, sie organisiert eigentlich nur all das, was er als Bedürfnis, Pflicht und Neigung verspürt.

Dem moralischen Subjekt wird die zweckmäßige Ausgestaltung der Welt schon an der Aufteilung der Lebenssphären klar:

Die *politische Herrschaft*, als *Demokratie* abgewickelt, schafft Ordnung und gewährt ihm zugleich — neben den „unumgänglichen" Beschränkungen — die Freiheit des Meinens, die Souveränität des Unterworfenen, dem nichts recht zu machen ist, wenn er mitmacht; der alles aus freien Stücken mitmacht und dies genießt — so sehr, daß er *seine Übereinstimmung* mit der Staatsgewalt zur Mär ausgestaltet, Gewalt sei kein Mittel der Politik und er lebe in einem Zustand der Gewaltfreiheit.

Die *Konkurrenz*, als die das Berufsleben des Bürgers, seine Arbeit organisiert ist, gilt ihm nicht als Vergleich, der *mit ihm angestellt* wird, von dem er betroffen ist. Sie ist für ihn die Erfüllung seines Bedürfnisses nach Gerechtigkeit, die ihm zu widerfahren hat. Die Lüge, die Leistung des Einzelnen bestimme sein Einkommen, seinen Anteil am Reichtum sowie überhaupt seine soziale Stellung, ist ihm äußerst geläufig. Ebenso geläufig wie der in der Pose des Protests vorgetragene Wunsch, es hätte eigentlich so zu sein. Er besteht eben darauf, im Vergleich mit anderen seinen Mann zu stehen.

Das *Privatleben* schließlich hält ein Bürger — ungeachtet der minutiösen Regelungen, die ihm sein Staat auferlegt — für die Abteilung seines Lebens, in der er *ohne* Dazwischenkunft lästiger Instanzen und anderer Leute schalten und walten kann, und zwar mit dem einzigen Ziel, *sich* zufriedenzustellen.

Im Einverständnis mit den Geboten und Einschränkungen, die seinen Interessen entgegenstehen, fügt sich das bürgerliche Subjekt also keineswegs aus „Einsicht in seine Ohnmacht", zähneknirschend, der Gewalt und den Hindernissen, auf die es ständig trifft. Es tut auch und gerade dann, wenn es zur Mehrheit gehört, die kläglich scheitert, etwas ganz anderes. Ein Bürger *idealisiert* die harten Bedingungen des Erfolgs zu dessen *Mitteln* — und die Klage darüber, daß diese Bedingungen ihrem Ideal nicht entsprechen, zirkuliert als *Kritik*. In jeder Abteilung entdecken kritische Menschen die unvollkommene Realisierung der Prinzipien, die ihrer Auffassung nach gültig sein *müßten* — und mit Vorliebe übertragen sie zwecks Verbesserung des einen Bereichs die Ideale eines anderen auf ihn. Fazit: *ganz* in Ordnung ist der Laden zwar noch nicht ...

1.
Die bürgerliche Gesellschaft kann mit einer erstaunlichen Leistung aufwarten: die benutzte und beherrschte Mehrheit ist der freien Meinung, sie sei gut bedient. Das demokratische Knechtsbewußtsein rechtfertigt die eigene Unterwerfungsbereitschaft quasi ständig und vor allem dann, wenn andere gewisse Anzeichen von Aufbegehren von sich geben, mit dem „Argument", es ginge gar nicht anders. Anläßlich eines Einwands gegen ein sehr genau umgrenztes Phänomen des politischen Lebens, der Zustände im Betrieb etc. fühlt sich ein anständiger Bürger herausgefordert, den bürgerlichen Betrieb gleich in Bausch und Bogen zu verteidigen. Denn soviel gewahrt er schon, daß mit der Kritik seine Art, sich zur Verfügung zu stellen, angegriffen wird – und deshalb versichert er auf der Stelle, er könne es sich gar nicht anders vorstellen. Irgendjemand müsse doch regieren und ohne Regeln ginge doch nicht nur im Verkehr alles drunter und drüber; wenn es keinen leistungsbezogenen Lohn mehr gibt, dann tut doch keiner mehr was, und ohne eine gewisse Aufsicht reißt sich kein Mensch mehr zusammen; insbesondere die anderen lassen die Sau raus – und das will doch keiner, ich am wenigsten ... Was den Kommunismus betrifft, so wäre er schon eine gute Sache, aber leider nicht durchführbar. Was man drüben sieht, so etwas würde sich ein anständiger Bürger, der ja ein hartnäckiger Freiheitskämpfer ist, nie gefallen lassen!

2.
Obgleich der Materialismus des Individuums aus freiem Entschluß seinen Platz nach dem Idealismus zugewiesen bekommen hat, braucht er kein Schattendasein zu führen. Denn die Verklärung von Staat, Konkurrenz und Privatleben zu Veranstaltungen, durch die höchst zweckmäßig dafür Sorge getragen wird, daß man selbst und andere ihre Fähigkeiten und ihren Anstand zur Geltung bringen können, läßt genügend Raum für die Anmeldung des eigenen Interesses. Allerdings tritt selbiges nicht einfach so auf; es führt sich haargenau so vor, wie es ihm als längst in der Welt zu Ehren gekommenen ansteht. Die klassische Form des Heuchelns, im Namen der geltenden und akzeptierten Regeln seine Ansprüche anzumelden, wird in einer Vielfalt von Ideologien angewandt, die von jedermann leicht als *„konstruktive Kritik"* und *„sachlicher Beitrag"* gewürdigt und zurückgewiesen werden können. Jede Betroffenheit wird genauso wie jede Unzufriedenheit mit wirklichen und eingebildeten Vorteilen anderer in die Sorge um das Funktionieren einer Institution, einer Sitte oder des Zusammenlebens schlechthin umgedichtet. Jede unliebsame Erscheinung der Konkurrenz wird zu einer Krise, und der staatliche Umgang mit den Bürgern zu einer Überlebensfrage von Werten, die uns allen ziemlich heilig

sind. Der bürgerliche Journalismus ist bei alledem wegweisend, weil er sich auf die neuesten Fälle spezialisiert, in denen er die Aus- und Unterhöhlung von Recht und Familie, Währung und Demokratie, Rentenversicherung und Öffentlichkeit etc. etc. beklagen kann – selbstredend alles im Namen der Bürger, die eifrig lernen, daß sie so und nicht anders ihre Beschwerden loszuwerden haben. Das gibt dann das vielgerühmte Klima der Toleranz, aus dem sich der verstaubte Klassenkampf und sein „Denken" verabschiedet haben. Neben dem blanken Materialismus des Neids gibt es also auch noch subtilere Formen, in denen ein bürgerliches Subjekt auf seinesgleichen losgeht, aber nie auf die, welche ihm den Grund für seine rechtschaffenen Anliegen einbrocken. Jeder ist ein kleiner Sittenwächter, der den Verfall von mindestens neun abendländischen Prinzipien beklagt pro Tag – und auch versteht, diese Beschwerde in üblen Nachreden und dergleichen in die Tat umzusetzen. Völlig verfehlt, diese leuchtenden Exemplare des abstrakt freien Willens daraufhin zu befragen, was *sie* denn davon hätten ...

3.

Jemand, der die bürgerlichen Zustände für die Institutionalisierung seiner höchstsouveränen Menschlichkeit erachtet, findet in ihnen auch die Maßstäbe, die er zur Kritik immer dann anlegt, wenn ihm trotz allem einmal einiges nicht paßt. Als Fanatiker der Demokratie und ihrer Verkehrsformen – deren Inhalt und Zweck: Herrschaft effektiv, überhaupt nicht ins Gewicht fällt – läßt er sich sämtliche demokratischen Ideale einfallen, wenn er außerhalb des politischen Geschehens einen Mißstand entdeckt haben will: In der Konkurrenz, im Betrieb also, wird man übergangen und keine Mitsprache ist nicht, wo einseitig die anderen das Sagen haben; im Privatleben eine echte Diskussion mit gleichberechtigter Meinungskundgabe, unter voller Anerkennung selbst von Frau und Kind - so geht „Veränderung" heute. Doch auch die Härten der Konkurrenz taugen als idealisiertes Prinzip. Kaum entdeckt so ein kritischer Bürger, wie gemütlich Parteikarrieren ablaufen im Vergleich zum Aufstieg in der Akkordlohnabteilung, wird er sehr nachdenklich – und ist in der Politik für eine gerechte Auslese, der sich die Staatsprofis zu stellen hätten. Und im Privatleben läßt sich beim eigenen wie anderen Geschlecht manche Fehlentscheidung registrieren, wenn man das Kriterium des Leistungsvergleichs anlegt: „mit *dem* geht sie?", mit dieser Flasche ... Am schönsten ist aber die Anwendung privater Lebensregeln, die ja ganz im Gegensatz zur bösen Politik und zum Arbeits-/Geschäftsleben, wo man sich behaupten muß, ganz menschlich konstruiert sind, auf die anderen Zweige des bürgerlichen Betriebs: mehr Nachsicht und Verstehstmich in der Politik, ganz viel

Solidarität in der Arbeitswelt und vor allem eine Humanisierung der Arbeit tun not. Der Gipfel der Entlehnung von Idealen ist bei diesem Hin und Her leicht zu stürmen: die *Trennung* – so heißt das Argument – von Privat-, Berufs- und politischem Leben verhindert die Menschlichkeit; in jeder Lebenslage *verantwortungsbewußt, immer Bürger* zu sein, die humane Devise!

§ 6

Bürgerliche Individuen sind „politisiert", wenn sie sich *positiv* um die Ausgestaltung der politischen Herrschaft kümmern, der sie unterworfen sind. Dann reden sie in aller Ruhe vom staatlichen *Zwangszusammenhang*, dem sie sich fügen *müssen*, als einer Gemeinschaft, die sie *wollen:* „wir". Alle Unannehmlichkeiten, die ihnen der Staat einbrockt, sind ihnen Anlaß für *kritische* Meinungen, *die* auf eine Verbesserung von Herrschaft zielen. In diesen Meinungen wird der Herrschaft nicht die Feindschaft erklärt, sondern konstruktiv wird die Politik mit Alternativen ihrer Abwicklung konfrontiert.

Dem Inhalt nach leisten die kritischen Urteile mündiger Bürger in ihrer ganzen Vielfalt nur eines: Sie trennen die negativen *Wirkungen* der Politik von ihrem *Zweck*, so daß Betroffene sich *enttäuscht* gebärden — was eben nur durch ein konsequentes Absehen vom ökonomischen *Grund* der Staatsgewalt zu machen ist. Was die formelle Seite staatsbürgerlichen Dafürhaltens, die an den Tag gelegte *Einstellung* betrifft, so fällt bei dem Gemeckere die *gespielte* Enttäuschung auf, die Trennung von geäußerter Beschwerde und praktischer Absicht. Noch die empörteste abfällige Meinung ist kenntlich als die Äußerung eines Subjekts, das auf sein Urteil nichts gibt und den Gehorsam nicht aufkündigt, das auch gar nicht ernsthaft nach Mitteln und Wegen sucht, seinen Einwand in die Tat umzusetzen.

In den Argumenten von „uns Steuerzahlern" *fingieren* die Betroffenen eine *Anspruchshaltung* — stellvertretend für alle wird so das Journalistenpack aktiv —, die stets ergänzt wird um die „Forderung", andere gründlicher zu beschränken. Neben verächtlichen Befunden über „seine" *Repräsentanten*, „sein" mit Füßen getretenes *Recht*, über die verfehlte *Sozial-*, *Wirtschafts- und Außenpolitik* rangieren staatsmännische Rezepte für den Umgang mit allen, die sich „zuviel herausnehmen" — und dabei wird die herrschende Klasse stets verschont. Beamte ziehen sich den herzlichsten Haß jedes Stammtisches zu, für die eigenen Kinder wäre eine Beamtenkarriere genau das Richtige, und den höchsten Beamten des Staates wird ein Respekt entgegengebracht, der sich mit der *Verehrung* vorbürgerlicher Herrscherfiguren lässig messen kann. Von einem Kanzlerkandidaten läßt sich ein Bürger Dinge sagen und verordnen, die er seinem Nachbarn nie und nimmer als „Sachzwang" durchgehen ließe. *Wahlkämpfe* werden nach Kriterien geführt und vom stimmberechtigten Bürgern auch *entschieden*, die selbst den Schein „vernünftiger" (=berechnender) Überlegung vermissen lassen, so daß sie unter heftiger Stilkritik von seiten ihrer Hauptfiguren ablaufen.

So ist im demokratischen Staat stets auch eine Minderheit von enttäuschten Liebhabern eines *stärkeren* Staats zu Gange, deren „Argumente" allerdings auch der Mehrheit vertraut sind. Vor ihnen bemühen sich antifaschistische Anhänger eines *gerechten* Staates die Substanz der Demokratie zu retten und zu erweitern — und die oppositionelle Alternative eines „*Lebens ohne Repression*", das hier und heute anfängt, gibt es auch noch.

Zum *Verbrechen* als politischer Praxis fühlen sich im übrigen Rechte wie Linke *berechtigt*, weil sie bemerkt haben wollen, daß die staatlich ausgeübte Gewalt ihren Vorstellungen von Gerechtigkeit nicht gerecht wird. Die einen wollen die Ordnung erst noch zu einer gescheiten machen, die anderen erklären ihr höchstpersönlich den Krieg. Und um ihren „Sumpf" brauchen sich beide Linien des Terrorismus keine Sorgen zu machen. Er ist derselbe.

1.
Die Kritik demokratischen Bewußtseins und die Auseinandersetzung mit den Praktiken des politischen Geschäfts ist *keine* psychologische Angelegenheit. Sie zielt auf die Widerlegung der Argumente, die politische Gegner für ihre Sache ins Feld führen, überführt sie der Unwahrheit und denunziert das Interesse, dem die Argumente gelten. Deswegen geht es hier auch nicht um Darstellung von Demokratie und falschem Kampf um und gegen sie (Die einschlägigen Erklärungen finden sich in den entsprechenden Nummern der RESULTATE), sondern lediglich um die Leistungen des Verstandes, die ein sich unterwerfender freier Wille erbringt. Abgehandelt wird die Einstellung von Individuen, die im Einverständnis mit der Gewalt des staatlichen „Überbaus" mit deren Wirkungen konfrontiert sind und zudem die eigenen ökonomischen Erfahrungen immerzu am Maßstab billiger Behandlung eines rechtschaffenen Bürgers begutachtet.

2.
Im staatsbürgerlichen „wir", das sich das moderne Individuum zur Besprechung sämtlicher Staatsaffären angelegen sein läßt, schließt es sich in seiner ganzen Rechtschaffenheit mit der Herrschaft zusammen. Es leistet sich die Großzügigkeit, über die gesellschaftlichen Gegensätze hinwegzusehen und *sich* und *seine* Interessen als den eigentlichen Zweck der öffentlichen Gewalt zu besprechen. Während diejenigen, die das Sagen haben und Nutzen aus den Gewaltverhältnissen, die Person & Eigentum schützen, ziehen, das „wir" immer mit *Forderungen an* die Zukurzgekommenen vorbringen, gestatten sich letztere die noble Geste der *Zustimmung*, indem sie allein noch über die mangelhafte Realisierung des „wir" Beschwerde führen. Dabei pflegt die vollzogene *Unterwerfung* als Argument für die Berechtigung der kritischen Äußerung ins Feld geführt zu werden, so daß diese Äußerungen den Charakter der mitgeteilten Enttäuschung nie aufgeben. Die Masche des *Steuerzahlers,* mit der man sich als einer ausweist, dem es wirklich zusteht, sich über eine staatliche Maßnahme aufzuregen, erhellt das trostlose Bedürfnis von Bürgern, die sich gerade auf ihr abgeklärtes Verhältnis zur Macht viel einbilden: immer zieht sich das angemeldete Interesse darauf zusammen, daß die Staatsgewalt anderen nicht zuviel des Guten zukommen lassen soll bzw. ihnen härter die Gerechtigkeit beizubringen habe, als deren legitimes Opfer sich das beschwerdeführende Subjekt in Szene setzt. Wenn so über die Ungerechtigkeit derer „da oben" hergezogen wird, dann ist der Einwand, auf den die stammtischpolitisierende Staatsbürgerseele verfallen ist, die *Beendigung* jeglicher Debatte: Da wird nicht ein Mißstand festgestellt, sich darob empört und dann nach Gründen gefragt; und von der Frage „Was tun?" ist schon gar nicht die Rede, weil dem Stolz des

rechtschaffenen Menschen, dem es sein Staat nicht recht macht, mit der geäußerten Enttäuschung vollauf Genüge getan ist. Staatsmänner aller Größenordnungen wissen darüber Bescheid und „begründen" noch jede Maßnahme damit, daß sie mit ihr dem unveräußerlichen Recht der Steuerzahler zur Durchsetzung verhelfen. Ganz gleich, ob sie Atomkraftwerke hinstellen oder die Bundeswehr aufstocken und Zapfenstreiche feiern – die Kurve zur Genugtuung, die dem Herrn Steuerzahler verschafft wird, kratzen sie immer.

3.
Das Gerücht, in der Demokratie lebe die politische Macht von der *Kritik* derer, die sie zu spüren bekommen, ist also nicht ganz von der Hand zu weisen. Denn die Kritik, die all die mündigen, weil in ihrer Rechtschaffenheit auf Anerkennung bedachten Bürger zustandebringen, erschöpft sich in der formellen Beschuldigung des Staates, *seinen,* vom Bürger voll und ganz geteilten Prinzipien nicht nachzukommen, was alles andere darstellt als eine Kriegserklärung an die öffentliche Gewalt. Die *Betroffenen* rechten mit ihrem Staat nämlich nicht anhand einer Kosten-Nutzen-Rechnung, sondern tun so, als würden sie diese Rechnung Tag für Tag neu aufmachen und feststellen, daß sich ihr Gemeinwesen kaum noch auszahlt. Ihre Betroffenheit *ist* eben *nicht* ihr Argument, weil sie auf die vom Staat gesetzten Maßstäbe seines „Auftrags" pochen und darin sich zuallererst die moralische Befugnis erwerben, ihren Schaden in die Debatte zu werfen. Statt Widerspruch einzulegen, werden sie sich in ihren Anklagen unermüdlich mit Freund und Feind *einig* über die Prinzipien, auf die „man" nichts kommen lassen darf: die offensiv aufgeplusterte Heuchelei, das Pochen darauf, man werde um die akzeptierten Werte, um den Lohn der eigenen Rechtschaffenheit betrogen, macht die ganze demokratische Kritik aus.
Wenn die enttäuschten und in ihrer Enttäuschung so selbstbewußten Subjekte ihrer „Kritik" die Beantwortung der Schuldfrage folgen lassen, so gelangen sie immer zu einer *Ent*-schuldigung der Staatsmacht und ihrer Träger. Die Einigkeit in Sachen „Prinzipien", mit der sich die Empörung legitimiert, ist ja die vollzogene Abstraktion vom Zweck aller Politik, so daß der Vorwurf, die akzeptierten Zwecke seien *nicht* ausgeführt worden, seine Produktivität entfalten kann. Da muß sich mancher Staatsmann zur Last legen lassen, er sei ein verhinderter Wohltäter, weil er es nicht verstehe, mit seiner Partei, verschiedenen Kräften und überhaupt mit der „Entwicklung" fertig zu werden. Solche Geistersubjekte, die das Regieren so schwierig machen, denkt sich – ohne Abitur und Staatsexamen – der „einfache Mensch" in rauhen Mengen zusammen, wenn er einem Politiker „Unfähigkeit" bescheinigt und einem anderen sein Vertrauen bekundet,

weil der den „Problemen" gewachsen ist: Rüstungsspirale, Lohn-Preis-Entwicklung, Bürokratie, technischer Fortschritt, Wachstum, Staatsverdrossenheit und -verschuldung – und was man sich sonst noch alles einfallen lassen kann an Dingern, mit denen es fertig zu werden gilt.
Die harte Kritik, mit der sich das des Ernstes der Lage völlig bewußte Individuum dann zu einer Entscheidung bei der Wahl entschließt, lautet im Kern immer gleich: *Unfähigkeit*, all das zu bewirken, worauf es in der Politik der Meinung des Bürgers nach ankommt. Als *Wähler* billigt der selbstbewußte Bürger seinen Herrschaften „Sachkenntnis" zu oder spricht sie ihnen ab, und in diesem Verfahren, das von wenig Kenntnis über das politische Geschäft zeugt, gelingt dem Untertanen sein schönstes Quidproquo: er schafft es, *sich* für den Kontrolleur und Prüfstein der politischen Macht auszugeben, die allein auf seine *Benützung* aus ist – aber wiederum nur so, daß er die Widerlegung seiner Haltung gleich mit zu deren Bestandteil macht. Er wählt das „kleinere Übel" und kommt sich im Wissen darum, daß seine Wünsche von der künftigen Regierung *nicht* erfüllt werden, auch noch schlau vor. Deswegen legt er auch wenig Wert auf die schlechte Meinung, die er von den Politikern hat – er wählt einfach das „Übel", das ihm ganz persönlich am meisten zusagt, weil es in seiner ganzen Erscheinung so auftritt, wie er als Bürger, wenn er Politiker *wäre*, sich aufführen *täte*!

4.
Auf jenes „wir", in dessen Namen allein im demokratischen Gemeinwesen Ansprüche geltend gemacht werden und Kritik geübt wird, läßt ein rechtschaffener Mensch nichts kommen. Es ist ja der Standpunkt, von dem aus er allen Ernstes alles beurteilt, was ihm widerfährt, also seine Auffassung von den bewegenden „Kräften" dieser Welt sowie seine diesbezüglichen Sorgen und Freuden durchorganisiert. Im *Nationalismus* wird die staatsbürgerliche *Heuchelei ehrlich*, und zwar um so mehr, je konsequenter die darin angestellte Vorteilsrechnung am tatsächlichen Wirken der Obrigkeit zuschanden wird: Stolz und Empörung finden statt im Namen und im Interesse der Herrschaft, der der selbstbewußte Untertan sich solidarisch verbunden weiß und fühlt, auch und erst recht, wenn deren momentane oberste Agenten ihm nicht passen.
Um Anlässe ist ein Nationalgefühl nie verlegen, auch wenn die Vorstellungen seines Inhabers über den Stand des nationalen Interesses mit dessen tatsächlicher Durchsetzung nichts weiter zu tun haben. Die im Zeitalter des Imperialismus glücklich lückenlos zuendegebrachte Aufteilung und Sortierung der Menschheit nach ihrer Staatsangehörigkeit gilt seinem Blick als Resultat und Ausdruck einer ziemlich naturwüchsigen Verschiedenheit der

jeweiligen *Völker;* und ebenso, wie der rechtschaffene Bürger im Namen der gemeinsamen Nation manchem Volksgenossen verzeiht, den er in anderen Zusammenhängen durchaus als Gegner weiß und behandelt wissen möchte – sofern er nicht umgekehrt seine Ausrufung der Gerechtigkeit gegen ihn mit dem äußersten Vorwurf des *nationalen Verrats* krönt! –, so sind ihm Ausländer einfach deswegen verdächtig, weil sie keine Inländer sind: muß denn nicht die Botmäßigkeit gegenüber einer anderen Herrschaft als der eigenen auch eine andere, *also* geringerwertige oder zumindest fragwürdige Sorte von Rechtschaffenheit nach sich ziehen? Besorgnisse dieser Art läßt der aufgeschlossen mitdenkende Bürger sich von seiner Regierung und deren öffentlicher Meinung zwar durchaus zerstreuen, sobald die Staatsräson vermehrte „Völkerfreundschaft" gegenüber einem Nachbarn gebietet, noch leichter aber wieder in Erinnerung rufen – – und nicht einmal aus den rasantesten Konjunkturen bei der Ausgestaltung dieser Ethnologie fürs Volk mag ein braver Mann den Schluß ziehen, daß er sich mit seiner vielfach variierten und ausgemalten Abneigung gegen fremde Völkerschaften zum Deppen der Diplomatie seiner Herrschaft macht. Jeder Unterschied zum Rest der Welt, den er am eigenen nationalen „wir" entdeckt, macht ihn stolz, auch wenn er von der fraglichen Sache selbst nichts versteht und noch nicht einmal etwas hält. Wird dieser alberne Vergleich gar zur öffentlichen Veranstaltung, dann demonstrieren Massen, wie sie zu einer normalen Demonstration sonst nie zusammenkommen, wieviel ihnen die Ehre der Nation tatsächlich ganz persönlich bedeutet. Irgendein *Geschichtsbild* hat jeder aus gewonnenen und verlorenen Fußballspielen, den Kriegen verflossener Fürsten und Tyrannen, dem „verlorenen" 2. Weltkrieg und der wiedergewonnenen Weltgeltung der deutschen Industrie so zusammengesetzt, daß es seinem Inhaber, sei er Professor oder Friseur, den gewünschten Dienst leistet, nämlich seiner Phantasie die Handhabe bietet, Stolz und Empörung in jener Mischung und mit jener Stoßrichtung in sich herzustellen, wie es die aktuelle Weltlage gerade erfordert – und das eigene Bemühen, mit dem Gang der Geschichte mitzuhalten. Steht dann schließlich mal wieder ein Krieg auf der Tagesordnung, dann hat der Veranstalter sich bislang noch stets auf die Gewohnheit seiner Untertanen verlassen können, sogar noch ihr eigenes Dasein ziemlich souverän unter dem Gesichtspunkt der fraglosen historischen Berechtigung des nationalen „Verteidigungswillens" zu behandeln. Und ebenso auf seine Intellektuellen, die ansonsten ihren Nationalstolz mit Vorliebe oder ausschließlich auf der gehobenen Ebene edlerer Kulturgüter pflegen und deswegen auch mit viel Verachtung für den „rohen" Nationalismus des gemeinen Volkes und einer aus dieser Verachtung gespeisten Attitüde des Kosmopolitismus und einer speziellen Vorliebe für gewisse auswärtige Völkerschaften zu verbinden

wissen; zur Lüge und zur brutalen Wahrheit des Obertitels „Verteidigung", unter dem der moderne Staat seinen weltweiten Terrorismus abwickelt, fallen dem nationalen Geist äußerstenfalls geschmäcklerische Bedenken gegen den „ungeschliffenen" *Stil* ein, mit dem die nationale Obrigkeit hier zu Werke geht.
Die alltägliche Anstrengung, die vorgestellten Erfolge und Mißerfolge der eigenen Nation mit zu genießen bzw. mit zu erleiden, trägt natürlich ihre Früchte auch im Seelenleben des so angelegentlich beschäftigten Individuums. Wer es sich zur Gewohnheit macht, spezielle Idiotien des bürgerlichen Lebens unter dem Titel einer nationalen Eigentümlichkeit an sich und anderen ganz speziell zu schätzen oder zu verachten und so auf alle Fälle für sich zu pflegen, der braucht nicht erst zu solch radikalen Konsequenzen wie einer Eheschließung unter dem Gesichtspunkt der völkischen Erbmasse fortzuschreiten, um an sich und seinen Kindern am Ende tatsächlich einen *„Nationalcharakter"* hervorzubringen. Nicht eben naiv, sondern in berechnender Einrichtung der eigenen Vorurteile und Vorlieben im Sinne der als national geschätzten oder verachteten Gepflogenheiten bringen moderne Untertanen einen Gutteil ihrer Lebenszeit mit der nur allzu erfolgreichen Bemühung hin, ganz jenseits aller wirklichen regional besonderen Lebensumstände eine spezielle Borniertheit auszubilden, die ihren fatalen Wunsch in Erfüllung gehen läßt, aus freien Stücken Charaktermasken jenes nationalen „wir" zu sein, das sie mit wohligem Gruseln in ihrer Nationalhymne hochleben lassen.

5.
Die allem kritischen Räsonnement sehr leicht zu entnehmende Absicht, das eigene Selbstbewußtsein mit der praktizierten Unterwerfung nicht übermäßig zu blamieren, ihr also wenigstens die Meinung zur Seite zu stellen, die von einem freien Willen zeugt – diese offensichtliche *Vorspiegelung* eines gar nicht gewollten Beharrens auf dem eigenen Interesse bildet für den Bürger den Ausgangspunkt für mancherlei *Taten* im Rahmen einer *„Bewegung"*. Denn der Widerspruch zwischen mehr oder minder lautstark verkündeter Unzufriedenheit und politischer Leisetreterei fordert ganz konsequent den Vorwurf heraus, man solle *entweder* die Schnauze halten *oder* seine Meinung durch „Engagement" glaubwürdig machen.
Am Entschluß, mit seiner kritischen Einstellung zum Staat Ernst zu machen, gibt es freilich nichts zu begrüßen. Es kommt nämlich sehr darauf an, welche Sorte Unzufriedenheit in welcher Bewegung mit welchen Zielen *den* „Gegensatz von Theorie und Praxis" überwindet! Wenn selbstbewußte Staatsbürger und Nationalisten den Verfall ihrer politischen Herrschaft beklagen und meinen, ihre ganze Rechtschaffenheit und Opferbereitschaft

verdiene eine bessere Würdigung und Benutzung durch den Staat, so „engagieren" sie sich eben in einem faschistischen Verein, erklären sich aus dem zu laschen und verkommenen Staat so ziemlich alles, was ihnen mißfällt – und werden gewalttätige Vorbilder für noch nicht „engagierte" Volksfreunde. Wenn enttäuschte Staatsbürger ihre politische Herrschaft an den Ansprüchen messen, die sie ihren rechtschaffenen Untertanen „eigentlich" zubilligt und „wirklich" vorenthält, so ergibt das einen „Kampf um Rechte", um Kaufkraft und Arbeiterkinder an die Uni – also eine Bewegung, die sich dem „staatsmonopolistischen Kapitalismus" entgegenstellt. Der Standpunkt des Bedürfnisses, dem die „Repression" des Staates die Anerkennung versagt, läßt sich auch zum Übergang vom bloßen Meckern zur „praktischen" Bewegung verwenden, und an dem „sinnvollen" und „alternativen" Leben kann man studieren, daß aus praktizierter Opposition mitunter eine neue Sorte Zufriedenheit sowie ein Geschäftszweig wird.

Ideologen der Demokratie wollen erstens von den *Unterschieden* nichts wissen, die sich da einstellen, wenn Kritik nicht theoretische Begleiterscheinung zur praktischen Unterwerfung bleibt; denn der pure Unterschied zum Wohlverhalten reicht aus, um die „Weltanschauungen" der Opposition von der „Vernunft" der Demokraten zu scheiden. Zweitens ist dieser juristische Befund zugleich sehr gut geeignet, das „abweichende Verhalten" und die „psychischen Dispositionen" als *Grund* für die ganz und gar unverständlichen Praktiken verantwortlich zu machen, so daß *psychologisch* die demokratischen Grundlagen zum Verschwinden gebracht werden, die das außerdemokratische Spektrum ergeben.

Schließlich wäre die Frage nach dem *Sumpf des Terrorismus* keine mehr, wenn nicht nur die *verbrecherische* Natur der *Abweichung* beschworen würde. Die heuchlerische Aufforderung, sich „zu engagieren", mit der insbesondere politische Handlungsreisende die Jugend zu konstruktivem Mittun bewegen möchten, nehmen Terroristen nämlich auf ihre Art bitter ernst. Auch sind sie von der Idee der Staatsmenschen, mit einer gerechteren Gewalt lasse sich manch Gutes erreichen, ziemlich angetan. Selbst den Hinweis „Geht doch nach drüben!", der von der demokratischen Sehnsucht nach angemessener Behandlung linker Menschen zeugt, haben sie verstanden: manche Menschen „verdienen" einfach die Freiheit und anderes nicht. Da die Terroristen „linker" Herkunft also keineswegs *zynisch* sind, sondern die *Wucht der Moral* gegen ihre heuchelnden und Gewalt immerzu anwendenden Nutznießer wenden, werden sie zum Anwalt wie zum Techniker ganz erlesener Verbrechen, die nicht aus Eigennutz, sondern fürs Volk verübt werden.

Die „rechten" Terroristen, die im Namen der Ordnung das Volk verurteilen, und ihr Urteil wenig zimperlich vollstrecken, vervollständigen den Reichtum der Alternativen, welche die demokratische Versöhnung von „Theorie und Praxis", Unzufriedenheit und Tatkraft aufweist. So fehlt es nicht an Gelegenheiten für echte Demokraten, die ihre Unterwerfung für einen Zustand der Gewaltlosigkeit halten, über die „Gewalt als Mittel der Politik" zu erschrecken – wozu ihnen ja sonst und vor allem im Krieg keine Zeit bleibt.

6.

Bei ihren Anstrengungen, die Kinder zu tauglichen Erwachsenen zu machen, gehen Schule und Elternhaus mit dem Wissen und Können, das sie dem Nachwuchs vermitteln, überaus haushälterisch um – und bringen gerade so mit größter Sicherheit die korrekten Auffassungen und Einstellungen des jugendlichen Verstandes hervor. In den Komplimenten von Mutti und Vati zum leergegessenen Teller, dem bekanntlich das schöne Wetter auf dem Fuß folgt, hört ein gelehriges Kind schon bald die Botschaft heraus, daß es sogar beim Essen maßgeblich auf den Beweis einer Tugend ankommt, mit der der Mensch sich die nächste „Vergnügung" zu *verdienen* hat; bei deren Abwicklung wiederholt sich dieselbe Lektion. Einem Schulanfänger bedeutet es daher in der Regel nichts Neues, wenn seine ersten Rechen- und Schreibkünste gleich in Form von Lob und Tadel gewürdigt werden, also als Ausweis jener Tugenden wie „Lernfähigkeit" und „-bereitschaft", „Selbständigkeit im Denken" und „Gemeinschaftssinn", die die Entwicklungspsychologen längst theoretisch zu den natürlichen Determinanten des in der Schule herangebildeten Geistes erklärt haben. Mit der Anforderung, sich in Deutschaufsätzen möglichst ungetrübt von jeglicher Sachkenntnis über beliebige Gegenstände in der Weise zu verbreiten, daß man ihnen mit einem gelungenen Anschein von Begründung die höchstpersönliche Zu- oder Abneigung erklärt, hat ein Schüler, der es gewohnt ist, die Betätigung seines Verstandes nicht als solche, sondern als Bewährungsprobe seiner besonderen „Persönlichkeit" zu verstehen und ins Werk zu setzen, eben auch kein intellektuelles, sondern allein dieses Bewährungsproblem. Die Heranziehung der allmählich reifenden Persönlichkeit zu „mitverantwortlicher Mitgestaltung" des Schullebens ergänzt eine Herzens- und Geistesbildung, die es dem Verstand zur Gewohnheit macht, an jeglichem ihm vorgelegten Gegenstand die Gelegenheit zur Demonstration von Kritik*fähigkeit, Verantwortungs*bewußtsein und *Selbständigkeit* aufzuspüren, also das Wissen als eine Angelegenheit der *intellektuellen Heuchelei* zu praktizieren.

Die Subsumtion des Lernens unter die Regeln der Kunst, zu dessen Gegenständen ein gewichtiges *Verhältnis* einzugehen – in der Schule durchgesetzt unter dem Zwang der Notengebung von lauter verständnisvollen Lehrern –, erfährt so manche Verfeinerung durch die Einfälle der Kommunikationswissenschaft, die beim Denken und Argumentieren dic verhandelte Sache und die Bemühung des Begreifens und Erklärens von vornherein herausstreicht und den schieren Umstand, daß da Sprache vorkommt und Mitteilung passiert, zum Anlaß dafür nimmt, alle möglichen partnerschaftlichen Tugenden des wechselseitigen Fertigmachens zur „eigentlichen" Sache selbst zu erklären – so daß man am Ende auch noch vom Tatbestand des Sprechens selber leichten Herzens abstrahieren kann. In die Tat umgesetzt, führt diese Verrücktheit zu allerlei erfolgreichen Techniken, jungen wie älteren Menschen ganz ohne Umweg über den Schein einer intellektuellen „Auseinandersetzung" mit der Welt die Illusion anzugewöhnen, sie wären zur Verantwortung für den Lauf der Dinge aufgerufen. Ganz zwanglos „erfährt" das Subjekt im *Rollenspiel* sich als potentiellen Kapitalisten, Arbeitslosen oder Bundeskanzler und gewinnt so eins auf alle Fälle: die Haltung eines tiefen Verständnisses für die Welt, als deren Subjekt es sich fingiert. Und was den Blumenkindern im Kindergarten recht ist, das ist längst den Studenten von heute billig.

§ 7

Die *Welt der Arbeit* ist für ein rechtschaffenes Subjekt nicht einfach das harte Geschäft des Erwerbs, in dem es allerlei Konditionen vorfindet, die seinen Lohn zu einer äußerst fragwürdigen Sache machen. Im Beruf *bewährt* es sich mit all den vermeintlichen und wirklichen *Fähigkeiten*, durch die es sich auszeichnet. Die Pflicht ist ebenso akzeptiert wie die Tatsache, daß da gemessen und verglichen wird. Der Leistungs*zwang*, der auf diese Weise an ihm durchgesetzt wird, verwandelt sich für das bürgerliche Individuum in eine Gelegenheit zur Erprobung seines Leistungs*willens* und *-vermögens*.

Allerdings verhindert der den Einsatz beflügelnde *Ehrgeiz*, der Wille zur berechnenden Anstrengung auch nicht die matten Resultate, welche für den Großteil der Brufstätigen ein Leben lang die Mühsal erneuern und sie selbst recht bald alt aussehen lassen. An diesen Resultaten findet der Verstand, der sich in der Ideologie vom *gerechten Lohn* als Subjekt der Konkurrenz gebärdet, eine noch weniger einträgliche Nebenbeschäftigung. Er kann, je nachdem wo der Mensch in der Hierarchie der kapitalistischen Arbeitsteilung gelandet ist — und *als Arbeit zählt* sogar das Regieren und Abhalten falscher Vorlesungen; eben alles, was einen *Beruf* ausmacht —, seine Stellung als Zufall, als Folge enormen oder mangelnden Fleißes im schulischen Leistungsvergleich, als Konsequenz der Unterschiede unter den Menschen oder, vom Standpunkt der idealisierten Konkurrenz, als Unrecht deuten, das mangelhaft verwirklichte Chancengleichheit sowie Mißgunst ihm zugefügt haben. Da tritt dann schnell die *Demonstration* von Fähigkeiten, oft auch ihre *Vorspiegelung* neben das Tagwerk — bis *Bescheidenheit* Einkehr hält bei den Gemütern, die wissen, daß aus ihnen nichts mehr wird.

Die Stellung in und zur Konkurrenz modifiziert sich also erheblich gemäß dem *Lebensalter*, was mit dem biologischen Alter herzlich wenig zu schaffen hat. An der Kritik, mit der aufsässige Jugendliche mit Hilfe von Leistungsvergleichen, Reformideologien und Tatkraft ihr Recht auf ihr Fortkommen anmelden, ist freilich das Ende schon abzusehen — die abfällige und distanzierte Besserwisserei der Alten, die sich „ihre Hörner abgestoßen" haben und der Jugend dazu raten.

Wenn der vereitelte Materialismus von der Unmöglichkeit eines passablen Lebens, das man sich durch Arbeit verdient, überzeugt ist, kann er aber auch einen anderen Weg einschlagen — vorausgesetzt, er ist ebenso davon überzeugt, daß ihm einiges zusteht. Der Übergang zum *Verbrechen* ist das höhnische Urteil über die Gerechtigkeit des Verhältnisses von Lohn und Leistung, das unter gewöhnlichen Leuten aus der Entbehrung und Erniedrigung folgt, unter den höheren Chargen der Gesellschaft als Korruption und „Wirtschaftskriminalität" die Raffinesse des *schnelleren* Wegs zum Erfolg so einnehmend verkörpert, daß die Justiz in ihrer Bewertung der Vergehen ausgewogen verfährt.

1.
Wenn sich der Mensch selbst unter dem Gesichtspunkt seiner Tüchtigkeit mißt, sich nach dem Kriterium des redlich verdienten Erfolgs mit anderen vergleicht und das Ergebnis für eine wichtige Auskunft nimmt, dann hat er die Konkurrenz ganz zu seinem Anliegen gemacht. Mit der Frage, ob ihm und anderen auch immerzu recht geschieht, gibt er nämlich dem Vergleich recht, der *mit ihm angestellt*, von dem sein Dasein praktisch abhängig gemacht *wird.* Er nimmt den *Zwang,* sich nützlich zu machen für einen Reichtum, dessen Mehrung für das nützliche Menschenmaterial die Reproduktion der Armut einschließt und sogar die kontinuierliche Benützung gefährdet, als *Angebot* wahr – und will von *der* Alternative, die es gibt, nichts wissen: Wenn nämlich alles darauf ankommt, daß er und seinesgleichen sich ausnützen lassen, dann haben er und seinesgleichen ja auch die Mittel in der Hand, den Zwang zur Reproduktion ihrer Armut außer Kraft zu setzen. Solange Arbeiter ihre Beanspruchung als Angebot und Bewährungsprobe für ihren *Leistungswillen* würdigen, sind sie jedoch nur darauf aus, durch ihre besondere Nützlichkeit ein unwidersprechliches *Recht* auf ihren *Lohn* zu erwerben. Sie messen dann die Mühseligkeiten ihrer Arbeit und deren Nutzen nicht am Bedürfnis nach einem guten Leben; vielmehr gelten sie ihnen als Ausweis dessen, was sie „wert" sind. Die Arbeit, die so mancher des öfteren verwünscht, ist ihm zugleich eine Ehrensache, bei der man sich nicht lumpen läßt, sein *„Verdienst".* So als hätte er aus ureigenstem Bedürfnis heraus die Konkurrenz als die menschlichste „Verhaltensweise" entdeckt, macht er aus der Hierarchie der Berufe ein Betätigungsfeld für seinen *Ehrgeiz,* und seine Mißerfolge werden ihm zum Grund dafür, sich zu *schämen* und nach *Entschuldigungen* zu suchen.
In der Ideologie der nicht verwirklichten Chancengleichheit, der kritische Fans einer ausgleichenden staatlichen Gerechtigkeit anhängen, geht der Anspruch auf ein Recht auf Erfolg in die Offensive, die allerdings nur bedingten Zuspruch einheimst. Ihrer Popularität steht der Umstand im Weg, daß sie noch für jeden mit gelten soll, an denen sich der relative Wert der eigenen Person ermessen läßt. Sehr zu Recht ist das ganze Getue eine bildungspolitische Position geblieben, die sich auch in der fortschrittlichen Umweltpädagogik gegen die Begabungs- und Genfront aufbläst. Inzwischen stehen Forderungen nach Solidarität (der Schwachen natürlich!) höher im Kurs, und Theorien über die Unausweichlichkeit gewisser persönlicher Niederlagen haben ihren Reiz nie eingebüßt, wie die in sämtlichen Massenblättern florierende Kunst der Sterndeutung beweist.
Befriedigter Ehrgeiz macht weit geringere ideologische Umstände. Gerade im akademischen Leben, wo eine gehörige Verachtung von Titeln und des

„Aussagewerts von Prüfungen" guter Ton ist – zu seinen eigenen Prüfungen hat noch jeder Habilitierte einen Scherz beizusteuern –, gilt andererseits die Gleichung von Erfolg und individueller Tüchtigkeit ohne Einschränkung. Aus den bestandenen und honorierten Prüfungen leitet noch der letzte Idiot eine außerordentlich gute Meinung von sich ab; sogar wenn er irgendwie mitbekommen hat, daß er nichts weiß.

2.
Als Virtuosen in der Kunst, haargenau *das* zu wollen, was ihnen *zusteht*, entdecken bürgerliche Einzelkämpfer *sich*, ihre Tüchtigkeit als den einzig zulässigen Maßstab ihres Erfolges. Sie treten für Gerechtigkeit als Prinzip ein, das *ihnen* zu widerfahren hat, beharren also darauf, daß ihr Verdienst sich an dem bemessen soll, was sie an Leistung bringen. Wie von selbst stoßen sie dabei auf die Hierarchie der Berufe, in der manches vorkommt, nur nicht die Proportionalität von Anstrengung und Nutzeffekt im Arbeitsleben. Das erschüttert jedoch nicht die irrigen Vorstellungen bezüglich des Vergleichs von Lohn und Leistung, dem man sich zu stellen wünscht. Einerseits läßt sich das Ideal des gerechten Lohnes dazu hernehmen, um über Ungerechtigkeiten aller Art zu klagen, andererseits fordert es zu Vorstellungen heraus, die als *Erklärung* für die Stellung in der Hierarchie der gesellschaftlichen Arbeitsteilung taugen. Wer sich selbst als *Mittel* für den Erfolg zu betrachten gelernt hat, dem ist auch die „Einsicht" geläufig, daß er – aufgrund mangelnder Fähigkeiten, die sich bereits im Durchgang durch die Ausbildungsinstanzen bemerkbar gemacht haben – das Zeug für manche höheren Tätigkeiten einfach nicht hat, ebenso wie andere zu seinem Handwerk einfach nicht das Nötige mitbringen: Neid und Überlegenheitsgebaren, Bescheidenheit und Stolz erledigen die Beantwortung der Frage, warum man ausgerechnet an der Stelle steht, die man einnimmt. Die unterschiedlichen *„Fähigkeiten"* der Menschen legitimieren die Hierarchie, und aus den an sich vorfindlichen Qualitäten gilt es das Beste zu machen. Von der willigen *Äußerung* der Fähigkeiten hängt es nämlich auch noch ab, was man gewinnt – eine Entscheidung des selbstbewußten „Mitarbeiters", welche die tatsächlichen Subjekte des Vergleichs in der Arbeitswelt sehr zu schätzen wissen. Denn um sich Gerechtigkeit widerfahren zu lassen, *bemüht sich* ja jeder einzelne; er streitet ja nicht um das *Maß* seiner Leistung, sondern bringt sie in der Überzeugung, daß ihm die Anstrengung auch gelohnt wird.
So sind kapitalistische Fabriken und Büros voll von Leuten, die im Lohnsystem nur eine einzige Abfolge von Anlässen sehen, ihre Fähigkeit und Brauchbarkeit *unter Beweis zu stellen* – und diesen Beweis, wo er den entscheidenden Stellen nicht auffallen will, zur Kenntnis zu bringen. Daß

der Wille, sich in der Konkurrenz mit anderen durchzusetzen, gleichbedeutend mit Unterwerfung ist, wird im bewußten Antreten zum Vergleich sinnfällig:

– da bemühen sich die einen, ihre Qualitäten als Facharbeiter demonstrativ dem Meister vorzuführen, und betteln durch den Hinweis auf Nachlässigkeiten anderer um Berücksichtigung bei der nächsten Vergabe von Chancen;
– da zeichnen sich andere durch freiwillige Zusatzleistungen vor demselben Meister aus, ergänzen ihre Anstrengung durch gezielte Sympathiebezeugungen und vertrauensbildende Freizeitgestaltung;
– wieder andere halten sich viel darauf zugute, wie sehr sie belastbar sind; in Akkordabteilungen gibt es „gute" und „schlechte" Arbeitsplätze, so daß man im Verschleiß seine Befähigung zum brauchbarsten Akkordlöhner nachweisen kann;
– und zu den Flugblattverteilern sagen immer noch die meisten Arbeiter, sie sollten lieber arbeiten gehen – ein Unterwerfungskunststück, durch das sich Proleten das Lob sämtlicher Politiker zuziehen.

3.

Wer sich im Berufsleben der unteren und zahlreichen Kategorien der „Werktätigen" bewähren will, kommt um schlechte Erfahrungen der härtesten Sorte nicht herum. Verständlich daher die dumme Sitte, zwischen den „gewöhnlichen" Zeiten des Lohnarbeiterlebens, in denen Lohn und Gesundheit die regelmäßige Abwicklung des Arbeitsvertrages gestatten, von den „schlechten Zeiten" zu unterscheiden. *Relativ* zu früher und anderen fällt die Rechnung Einsatz-Ertrag auf alle Fälle positiv aus, und wenn gewisse Verschlechterungen gegenüber den letzten Jahren unübersehbar sind, so gilt es eben, den Vergleich anders zu arrangieren: gegenüber anderen stimmt auch dann die Beschwichtigung der eigenen Unzufriedenheit. Mit dem Spruch „Uns geht's gut!" bestätigt sich so mancher Prolet, daß er nichts verkehrt gemacht hat, also rechtschaffen bleiben will.

Sooft einem Arbeiter mit solcher Einstellung eine zusätzliche Belastung aufgehalst wird, bequemt er sich zu kritischen Sprüchen des Kalibers „Mit uns können sie's ja machen!", die durchaus ihre Fortsetzung in verächtlichen Bemerkungen über den „Profit der Bosse" finden können – was freilich beides nichts mit dem Klassenbewußtsein und dem Kampfeswillen zu tun hat, den Linke nur allzuleicht ausmachen. Wenn die Betriebsleitung neue Sonderschichten und Überstunden, dann auch wieder Kurzarbeit und Entlassungen verordnet, so stellt sich hierzulande kein Klassenkampf ein, sondern eine öffentliche und sehr rechtliche Debatte, ob es denn wirklich unausweichlich sei. Die Gewerkschaften und Betriebsräte *bestätigen* die

Zumut*barkeit* oder bestreiten sie auch, was in beiden Fällen auf dasselbe hinausläuft – und verschaffen in ihrer „Mitsprache" der Unzufriedenheit die verdiente und offizielle Anerkennung. Deswegen werden sie auf Betriebsversammlungen beklatscht!

Dieser Umgang mit den Zumutungen beim Verdienst des Lebensunterhalts wird auch nicht aufgegeben, wenn die *Konsequenzen* der Bereitschaft, sich so nützlich wie möglich zu machen, als Bestandteil der Unfall- und Krankenstatistik auftauchen. Daß es sich dabei um ein „Un-glück" handelt, steht nämlich nicht wegen der einschlägigen Sprachregelungen außer Zweifel; diese sind ja nur Folge einer Betrachtungsweise, in der nicht unmittelbarer Zwang, *sondern* der haushälterische Umgang des arbeitenden Subjekts mit den „Sachzwängen" des betrieblichen Funktionierens dafür verantwortlich gemacht wird, was aus einem wird. Daß es seine *Fehler* sind, die manchem die Gesundheit kosten, ist jedenfalls die geläufigste Vorstellung, die auch schön zur Klärung der Schuldfrage herangezogen werden kann. Arbeitslose kriegen ja auch moralische Probleme, und wenn sie selber sich keiner Schuld bewußt sind und sich nicht gleich für den nächsten angebotenen Job zur Verfügung stellen, machen ihnen ihre per Versicherung zwangsassoziierten Kassenbrüder schon einmal die Rechnung auf. Ob sie wirklich *wollen,* ist da schnell die Frage – und allen leuchtet wider alle Erfahrung ein, daß die Arbeitslosig*keit* ein politisches *Problem* ist, auf keinen Fall jedoch die unausweichliche Folge sparsamen Umgangs mit Lohnkosten.

So stellen sich die Opfer der kapitalistischen Akkumulation in mancherlei Deutungen ihres Lebensweges darauf ein, daß sie die „variable Größe" des Geschäfts mit seinen Konjunkturen sind: sie sehen es als ihre *Pflicht* an, dieser ihrer Bestimmung zu genügen, indem sie sich auf den „Arbeitsmarkt", die „wirtschaftliche Lage" der Nation und den „technischen Fortschritt" *einstellen.* Die Sozialwissenschaften haben in ihren Theorien unter gewerkschaftlicher Anteilnahme diese Einstellung zum Ideal erhoben: Flexibilität, Mobilität und lebenslanges Lernen befürwortet heute jeder Student ab dem 2. Semester.

4.

Den Zwängen der Konkurrenz gehorchen die Individuen, indem sie dem *Ideal ihrer Brauchbarkeit* hinterherrennen. Sie führen sich auf, als wären sie tatsächlich ihres Glückes Schmied, was der erfolgreichen Minderheit ausgiebig Gelegenheit verschafft, aus Amt und Reichtum ein flottes Selbstbewußtsein abzuleiten. Sie stehen positiv zu sämtlichen Veranstaltungen der Konkurrenz, weil sie es geschafft haben; sie führen sich selbst als Beweis dafür an, daß auch kann, wer will. Sie setzen nicht ohne Anklang darauf, daß ihnen ihr Erfolg recht gibt, und sie lassen die blödesten Bemerkungen über Marktwirtschaft, Elite, verderblichen Zeitgeist, Begabung und Umwelt, Masse und Gerechtigkeit vom Stapel. Die erfolglose Mehrheit darf sich – so sie sich nicht auf die Wahrheit der Konkurrenz besinnt – aus den Reihen der *verdienstvollen* Figuren aus Wirtschaft, Politik und Kultur ihre *Vorbilder* zusammensuchen und ihre eigene Stellung in der Welt kritisch oder resignativ deuten. Dabei steht immer das Ideal der gelohnten Tüchtigkeit Pate, wenn die *Erfahrung* zum Argument wird: sie ist nämlich nur dann eines, wenn eine gemeinsame Anschauung an dem, was man mitgemacht hat, ihr Material sucht und findet. Umgekehrt ist das, was mit Erfahrung „begründet" wird, nie *Wissen* um die Zwecke und Gesetzmäßigkeit der Gesellschaft, der man sich dienstbar unterwirft. Jedem „lehrt" seine Erfahrung eine Moral von der Geschicht', und mit dieser gewappnet präsentiert er sich als jemand, dem man nichts (mehr) vormachen kann, auch wenn er die größten Idiotien von sich gibt. Zuversicht allerdings läßt sich auch schöpfen, und nicht einmal nur von denen, die gute Erfahrungen gemacht haben. Von ihnen kann man nämlich lernen, wie man zu etwas kommt, und diese Erfahrungen der nachwachsenden Generation mit auf den Weg geben. Eltern entnehmen dem Ungemach ihrer Karriere prinzipiell sehr handfeste Anweisungen für ihre Kinder, die es einmal besser haben sollen.

Aus dem an jede Erfahrung von Kindesbeinen an angelegten Maß, aus dem Blickwinkel der *Besonderheit,* die sich um das *ihr Zustehende* müht, werden umgekehrt je nach Erfahrung modifizierte Einstellungen zur Welt, durch die sich die Generationen unterscheiden und aufeinander losgehen.

Die *Jugend,* die immerzu mit dem Hinweis traktiert wird, wie sehr es vom Einzelnen abhängt, was aus ihm wird, beherzigt diese Lehren unter dem Zwang des Elternhauses und der staatlichen Ausbildungsinstitutionen. Der Idealismus der eigenen Zukunft, des Berufs, den man „wählt" und von der Berufung nicht trennen möchte, die Illusion, der eigene Werdegang habe ein solides Stück Weltverbesserung darzustellen – all das macht für viele Jugendliche ihre Zurichtung zu brauchbaren Erwachsenen zu einer regelrechten *Sinnsuche.* Diese kommt als Folge der unausweichlichen Enttäuschungen nicht etwa zum Stillstand, sondern richtig in Schwung. Neben der sich fügenden Mehrheit gibt es eine Minderheit junger Leute, die sich fügt *und* „sozial engagiert". Die eigenen Ideale beflügeln sie zur Entdeckung zahlreicher Ungerechtigkeiten, die sie der Welt vorrechnen und sich so sehr zu Herzen nehmen, daß sie sich vornehmen, nie so zu werden wie die Erwachsenen. Sie versteigen sich sogar zur Verachtung der älteren Menschen, aber nicht deswegen, weil die sich bei der Durchsetzung ihrer Interessen ein Leben lang verkehrt anstellen, sondern weil sie erstens von

Idealen nichts (mehr) halten und zweitens die Jugend partout nicht als Sonderfall behandelt wissen wollen. Respekt wird den außergewöhnlich Erfolgreichen entgegengebracht, die sich als wandelnde Bestätigung der eigenen Träume anbieten. Stars der Fußball-, Show- und Politszene kürt sich die Jugend zum Vorbild, weil in ihnen und ihren dummen Sprüchen die besondere Persönlichkeit so unverkennbar zum Zuge gekommen ist. Das imitierende Selbstbewußtsein ist zwar ein kleiner Widerspruch, aber einer mit großer Verbreitung, weil die Jugendlichen erst noch verdienstvolle Persönchen *werden* müssen, sich ihre belohnte Integrität als künftige *vorstellen* und dabei die wirklichen Tugendbolzen und Arrivierten zu Hilfe nehmen; die Pflege der eigenen Besonderheit, das Bestreben, seine Ideale und hohen Vorhaben von der Welt *anerkennen* zu lassen, zieht gerechterweise den Verdacht auf sich, eine *Phase* der Entwicklung zum Erwachsenen darzustellen. Denn entweder sind die Vorstellungen eines besseren Weltzustandes *illusionär,* was man durch die „Erfahrung" der eigenen Karriere lernt, oder das Bild von der künftigen Karriere ist so *realistisch* gewählt, daß sich der rechtschaffene Mensch schon abzeichnet, der an „seinem" Platz sein Soll erfüllt. Gewöhnlich hat man es mit beidem zu tun, so daß der Idealismus als falsches Bewußtsein von der Welt und für das Zurechtkommen in ihr sein Werk tut. Dem widerspricht auch nicht die Tatsache, daß heute, wo die Konkurrenz in der Ausbildung die Chancen der jungen Leute sehr sinnfällig knapp hält, ein hübscher Teil jedes Jahrgangs ausflippt, bevor er einflippt, und in allerlei bewegten Moden als Ausnahme und spezieller „Problemfall" der Gesellschaft respektiert sein möchte.

Die *Erwachsenen* haben sich in der Routine ihres Berufs-, d.h. Erwerbslebens eingerichtet und leisten sich nur noch in den höheren Chargen der Hierarchie der Arbeiten die Einbildung von einem bedeutenden Beitrag, den speziell sie dem sozialen Fortschritt entgegenbringen. Ansonsten beschränken sie sich darauf, wenigstens von den Jüngeren, die noch nichts Gescheites leisten, *Anerkennung* zu verlangen. Ihre Brauchbarkeit *ist* die ihnen vertraute Leistung, auf die sie sich immer dann etwas zugutehalten, wenn sie mit Kritik konfrontiert werden. Wenn sie sich gelegentlich als „die Deppen" hinstellen, mit denen die anderen ihr Geschäft machen, so ist das nicht im Geringsten als Aufbegehren gemeint; eher schon als Hinweis darauf, daß man die Herkunft der eigenen Tugend aus der Not, die einem andere bereiten, für die „Vernunft" des Gehorsams plädieren läßt. Und je länger Erwachsene in ihrem Beruf tätig sind, desto stärker hausen sie sich auch in der Borniertheit, die ihnen auferlegt wird, ein. Den Verschleiß der eigenen Physis nehmen sie als Folge ihres Alters hin, der Vergleich mit anderen, zu dem sie mit 20 so tatkräftig angetreten sind, verliert ebenso seinen Stachel wie das Streben nach Befriedigung und Ehre. Die

Beurteilung der eigenen Stellung in der Konkurrenz erschöpft sich in der stereotypen Äußerung von Unzufriedenheit und Enttäuschung, die nur durch ebenso stereotype Übungen unterbrochen wird, daheim und am Biertisch, in denen man sich selbst bescheinigt, daß man sich nichts vormachen und nachsagen zu lassen braucht. Die per Unfall und Krankheit vorzeitig Ausgemusterten beschleunigen den Ruin ihrer Intelligenz gewöhnlich durch „Trost" im Alkohol, der sich schon als ständiger Begleiter des stumpfsinnigen Arbeitslebens bewährt. Das *Alter* zeichnet sich dementsprechend durch den Reichtum an Erfahrung und die Armut an Gedanken aus. Alte Leute gebärden sich als Menschenkenner, die sich viel darauf zugutehalten, aber auch wirklich alles schon mitgemacht haben, raten Jugendlichen, sich nicht zu viel einzubilden, verstehen die nachfolgenden Generationen partout nicht und erweisen sich mit ihren abwinkenden Gesten voll der Verachtung wie des ebenso grundlosen Respekts würdig, mit dem sie herumgeschubst werden. Die besser Erhaltenen unter ihnen bringen es zu Memoiren mit der trostlosesten Lebensphilosophie über ihre Erfolge, und in einfacheren Kreisen erzählt der Opa sämtlichen Enkeln seine Kriegserlebnisse. Ansonsten versteht er die Welt nicht mehr, beschwört die Zeiten, wo eine Mark noch eine Mark wert war, und erweist sich samt seiner Rente als störend, weil unbrauchbar. Und wenn die Berechnungskünste älteren Leuten noch nicht ganz abhanden gekommen sind, suchen sie die ihnen entgegengebrachte Verachtung durch ganz viel demonstratives Verständnis für den Wandel der Zeiten und die jüngeren Leute zu mindern.

5.
Wo die Produktionsweise einen Gegensatz von Armut und Reichtum garantiert, der im Schutz des Privateigentums festgeschrieben wird, erfreuen sich Diebstahl, Unterschlagung, Raub etc. einer gewissen Beliebtheit, was wiederum eine dauerhafte Regelung durch die staatliche Gewalt mit ihren Gesetzen und Strafverfolgungsbehörden erforderlich macht. Ohne einen Mangel, dem auf zulässigen Wegen nicht abzuhelfen ist, ohne Reichtum auf der anderen Seite, an dem auf unzulässige Weise immerhin heranzukommen ist – ohne staatlich durchgesetzte Trennung zwischen individuellen Bedürfnissen und gesellschaftlich vorhandenen Mitteln bräuchte jedenfalls niemand zu betonen, daß sich „Verbrechen nicht lohnen".
Wer einen der zahlreichen Wege des illegalen Erwerbs beschreitet, ist deswegen aber noch lange kein Kritiker jener Verhältnisse, die das gedeihliche Nebeneinander von Not und Überfluß sicherstellen. Bei den zahlreichen und im Justizwesen fest einkalkulierten Gesetzesbrechern handelt es sich vielmehr um eine Minderheit von rechtschaffenen Leuten, die sich von der

Mehrheit bloß durch eines unterscheiden: sie machen ihr Bewußtsein, ungerechterweise zu kurz gekommen zu sein, nicht bloß zum Anlaß für betrübte und beleidigte Kommentare, sondern für praktische Korrekturen am Ablauf der Dinge – ihre Entschuldigungsgründe lassen sie in die Offensive gehen, was dem Recht als „mildernder Umstand" vertraut und der Öffentlichkeit als Argument immer dann geläufig ist, wenn bei den stattgefundenen Verbrechen kein solcher Umstand glaubhaft gemacht werden kann. Meist wird also „ohne unverschuldete Notlage" gestohlen, und wegen 20,- DM haut man doch keiner Oma den Schädel ein.

Denn dafür, daß da gewisse Leute tatsächlich Ernst machen mit ihrem Glauben an ein Recht auf größere materielle Erfolge und sich dafür übers wirkliche Recht hinwegsetzen, darf unter den Fanatikern eines guten Gewissens kein allzu inniges Verständnis aufkommen. Zumindest hat dem klammheimlichen Eingeständnis, daß der Bösewicht doch nur tut, was man sich selber nicht traut, die Empörung darüber zu folgen, daß der Verbrecher mit der Freiheit, die er sich nimmt, die Gesetzestreue, an die man sich selbst hält, als Dummheit desavouiert. Und während man als „kleiner Mann" gewisse groß dimensionierte „Wirtschaftsverbrechen" noch dem Kapitel allgemeiner Ungerechtigkeit auf Erden zurechnen mag und an so manchem Profi (im Kino und per Illustrierte) die Gerissenheit bewundert, gilt einem der Rechtsbruch des gleichrangigen Nächsten um so entschiedener als Untat, zu der man selbst gar nicht „fähig" wäre, die also die innere Schlechtigkeit des Untäters offenbart. Für die Erfindung einer naturhaften und/oder durch „Umwelt" angeregten kriminellen Energie im Menschen – für psychologische Betrachtungen des Verbrechens, in denen nicht einmal das Recht vorkommt – ist das Publikum sehr aufgeschlossen, solange seine genußvolle Entrüstung nicht darunter leidet. Aber auch ganz ohne umständliche Deutungskunststücke finden rechtschaffene Menschen noch zum massenhaften Ladendiebstahl die Erklärung: „Den Leuten geht es zu gut!"

§ 8

Was eine objektive Betrachtung der *Privatsphäre* schnell entdeckt: daß sie eine sehr *mittel*-mäßige Angelegenheit darstellt für die meisten Leute — ökonomisch: Lohn und Qualität der Arbeit verweisen auf Re-produktion der brauchbaren Individualität; politisch: der Sozialstaat regelt per Zwang die „Selbsthilfe", ohne ihren „Erfolg" sicherzustellen —, ist dem subjektiven Blick des rechtschaffenen und gedeckelten Bürgers eine kleine Lüge wert. Er lebt dem *Ideal der Kompensation* und sieht sich berechtigt, in seiner Freizeit und den seiner individuellen „Verantwortung" anheimgestellten Genüssen und Beziehungen seinen *eigentlichen Lebensinhalt* zu küren. Zumindest *schadlos* halten will er sich in dem Bereich, der bis auf ein paar staatliche Schranken und die des Geldbeutels von völliger *Freiheit* voll ist.

Hier sucht jeder, seinen eigenen Maximen und Bedürfnissen zu leben, so daß dieser Versuch schon zum Zeugnis dafür wird, daß die Privatsphäre nichts anderes darstellt als die in der bürgerlichen Welt eröffnete *Sphäre des Glücks*.

Kein Wunder, daß die einschlägigen Genüsse der hohen Erwartung nicht ganz gerecht werden. Auf der einen Seite mindert das Unerläßliche, das man sich leisten *muß*, den Anteil von „selbstbestimmten" Ausschweifungen der Individualität, die man sich noch leisten *kann*, so daß jeder Akt des Konsums dreimal überlegt zu werden hat. Was man sich dennoch zu Gemüte führt, erweist sich oft als unverträglich mit dem, was der Beruf aus einem gemacht hat, was den Mäßigkeitsstiftern vom Gesundheitsministerium bis zu den Ökologen so Freude macht: Sie beziehen daher ihre Belege fürs gesunde Leben. Andererseits hält auch die zweite große Freiheit, die auch nur die beiden bereits erwähnten Schranken kennt, die im *Verhältnis der Geschlechter*, dem *Rechtsanspruch auf Glück* nicht stand. Der Irrtum, daß in der Welt der Liebe Platz sei für die freie Betätigung der Individualität, daß der/die andere zum Lieben und Geliebtwerden *da* sei, wird als Forderung geltend gemacht *und* logischerweise bitter enttäuscht. Wie sollte auch eine gefühlsmäßige Beziehung auf ein Exemplar des anderen Geschlechts fähig sein, die Unkosten zu kompensieren, die man sich sonst ständig einhandelt. Der hohe Anspruch, der immer im Pochen auf Dienste, Opfer und unverbrüchliche Treue und Beglückung hinausläuft; das grundlose, dafür aber sehr prinzipielle Verlangen nach immerwährendem Verständnis garantiert die kleinen und großen Katastrophen, nach denen die einen das Bewußtsein ihrer eigenen Vortrefflichkeit erneuern, die anderen Abschied davon nehmen. Die Verbrechen der dritten Art verdanken sich eben dem Urteil, daß man sich sein Glück nicht von dem klauen läßt, der es gewährleisten soll; und diese Verbrechen gibt es unabhängig von der Hierarchie der Berufe und Klassen, weil der Chimäre des Glücks überall nachgejagt wird.

1.
Der traurigen Wahrheit, daß es sich in der Ausgestaltung der Freizeit durch Konsum, Unterhaltung und sehr „persönliche Beziehungen" bei den meisten Leuten um Re-produktion handelt, wird so schnell niemand zustimmen. Da entdeckt noch jeder seine Handlungsfreiheit und will erst einmal gar nicht über die Beschränkungen reden, denen er auf Schritt und Tritt begegnet: *im Verhältnis zu* den Regeln am Arbeitsplatz, den geschriebenen und den ungeschriebenen, eröffnet ihm ja die Privatsphäre ein wahres Eden der individuellen Improvisationskunst. Sowenig es allerdings auf dieses ideell hergestellte Verhältnis zwischen Arbeits- und Privatleben ankommt, so hart macht sich die wirkliche Beziehung geltend, die zwischen den beiden Sphären besteht. Auf sehr originelle Art zunächst bei den herrschenden Klassen und der Intelligenz; bei denen, die ihr Geld arbeiten lassen und sich mit Terminen bezüglich lohnender Entscheidungen bis zum „Streß" martern, die von einer Repräsentierpflicht zur anderen hetzen, sind sowohl die Termine als auch die Vergnügungen mit Extravaganzen gewürzt, wobei die Genüsse nie scharf genug sein können. In dieser Szene bewährt sich der Geschmack von Leuten, denen auch das Ordinärste recht ist, um Amt, Macht und Überfluß als der vortrefflichen Privatperson zukommende Attribute zur Schau zu stellen. Wo Geld keine Rolle spielt, ist von der feinen englischen Club-Sitte bis zur Edelprostitution alles vorhanden, auch das Künstler- und Intellektuellenpack gibt sich da ein Stelldichein, sofern es in die Ränge der Prominenz aufgestiegen ist. Die gewöhnlichen Intellektuellen, vom Studienrat über den Verlagslektor bis zum Professor leben unterdessen den Verrücktheiten, die sie im Namen des Geistes an den Stätten ihres beruflichen Wirkens vertreten. Sie pflegen in ihrem Kreis ihr Ich, führen Diskussionen, in denen kein richtiger Satz vorkommt, dafür aber viele Ideen, die ihre Sensibilität für Genüsse der höheren Sorte offenbaren. Gleichgültig gegen alles in Ökonomie und Politik, was den Lauf der Welt einschließlich ihres Gewerbes *bestimmt,* moralisieren sie in den höheren Gefilden ihrer Weltanschauungen herum und bringen es dank ihrem universitär geschulten Verstand zum *Genuß* sämtlicher in irgendein Kunstwerk verpackten Philosophien von den letzten Gründen und höchsten Tugenden. Ihre Liebhaberei feiern sie lässig als Ausweis ihrer Kennerschaft, worunter sie nie die Erkenntnisse eines Trumms aus der Welt des Geistes meinen, sondern die Kunst, für sich etwas Gewichtiges herauszunehmen, wenn sie Albernes hineindenken.

Was sie sich da herausnehmen, ist die ihnen konzedierte *Freiheit des Geistes,* mit der sie sich die berufsmäßig erlernten und gelehrten Ideologien zum Instrument ihrer als aufregend empfundenen Entdeckungsreisen zunutze machen – denn nur *so* entstehen bei der Lektüre von Thomas Mann und Freud, Günter Grass und Erich Fromm, Peter Scholl-Latour und Kant jene Genüsse, auf deren Durchleben sich so viel eingebildet wird.

Leider sorgt das Verhältnis zum Berufsleben, das dem Privatleben der arbeitenden Klasse einbeschrieben ist, dafür, daß denen nicht nur das Organ für die *exklusiven Spinnereien* der avancierten Menschen fehlt. Der Kreis der Notwendigkeiten, der sich aufgrund der segensreichen Wirkungen der kleinen Zirkulation, zu der gewöhnliche Leute allein Zutritt haben, eines gewaltigen Teils des Konsumentendaseins bemächtigt; die zerstörerischen „Begleit"erscheinungen der Arbeit selbst auf der anderen Seite – Lohn und Leistung eben tun ihr Werk in bezug auf die individuelle Ausgestaltung der privaten Freiheit. Das heißt nicht, daß Proleten auf die Entscheidung verzichten müssen, die den Kunden zum König macht – sie werden sogar zu *besonders bewußten* Konsumenten, zu Leuten, denen aus gutem Grund die gekauften Genüsse überhaupt *nicht gleichgültig* sind. Sie sparen beim Kaufen, weil die bunte Warenwelt sehr viel an Sachen bereithält, die „nicht unbedingt" notwendig sind, nach denen man aber sehr wohl ein Bedürfnis hat. Die Scheidung der Sachen des täglichen *Bedarfs* vom *Luxus,* die besitzenden Menschen gar nicht in den Sinn kommt, wird hier zur Gewohnheit. Man hat schließlich ehrlich gearbeitet, sich nicht zu knapp geplagt und will *dafür* auch etwas vom Überfluß merken, der überall herumsteht in den Schaufenstern. Der einem von der Werbung sogar als das offeriert wird, was man *sich leisten* – kann und darf und soll!

Das Ideal der Kompensation tritt bei den minder bemittelten Leuten an die Stelle des unbefangenen Genusses – so sehr, daß als Geschmacksurteil über einen Gegenstand des Bedürfnisses, den man sich nicht ohne weiteres leisten kann, die Vorstellung auftritt, man hätte ihn *verdient.* Nur wer arbeitet und dabei arm ist – der aber auch immer, wenn er dem Ideal der Gerechtigkeit nicht abschwört –, kommt dahin, angesichts der ihm abverlangten Entsagung einen *Rechtstitel auf Entschädigung* anzumelden und sich von der objektiven wie subjektiven Seite mehr zu leisten, als er kann: zu pumpen und über das seiner geschädigten Physis verträgliche Maß zu essen, zu trinken und Urlaub zu machen. Die es sich *so* „gut gehen lassen", werden darüber weder Gourmands noch Gourmets; vielmehr haben sie die Kosten des Verfahrens, bei dem sie gewinnen möchten, in voller Höhe zu tragen, denn sie streben einen Beweis an, der sich gar nicht führen läßt: daß *ihr* Genuß im Preis der Arbeit inbegriffen sei!

2.
Ein Beharren auf dem *Recht zum Genuß* gibt es also durchaus, aber nur weil es beim Genießen hapert; auch wird die Reproduktionssphäre für viele zum Beweis dessen, was sie sich leisten können – eben weil sie als Anhänger der Mär vom gerechten Lohn etwas für ihre Leistung sehen wollen. Nur ist das noch lange kein Beweis dafür, daß die Menschheit auf großem Fuße lebt, sich der Akkumulation von „Statussymbolen" verschrieben hat und dem „Konsumterror" erlegen ist. Dergleichen Ideologien, die keineswegs auf Curd Jürgens und Walter Scheel gemünzt sind, machen sich die *Erfolglosigkeit* des defensiven, Kompensation beanspruchenden „Materialismus" zunutze, weil sich an ihm so herrlich demonstrieren läßt, daß Materialismus zu keinem „sozialen Wohlbefinden" nicht führt. Im Namen *des* Ideals, an dessen Realisierung die kleinen Leute bei der Ausgestaltung von Freizeit und Konsum *scheitern,* feiert die Ideologie sogar in den Köpfen der Betroffenen manch billigen Triumph. Sie übersieht den Mangel an Mitteln, geißelt stattdessen die *Erfüllung* der Wünsche, an der ja alle Welt sehen könne, daß *so* Glück nicht geht.
Daß die Variationen des antimaterialistischen Themas „Uns geht's zu gut" bis in die schön vulgär-christlichen Melodien von den „falschen Götzen" nicht rundweg als reaktionärer Blödsinn abgetan werden, hat allerdings seinen guten Grund: denn die Vorstellung vom *Glück,* jenem Ideal totaler Zufriedenheit getrennt und jenseits von allem, was in der kapitalistischen Szene für zweckmäßig erachtet und einem als Last aufgebürdet wird, beherrscht schließlich das „Leben", das man sich im privaten Bereich zu leben befugt weiß. Die sehr alte, aber saudumme „Idee der Glückseligkeit" – die Zielsetzung einer totalen Saturiertheit des Menschen; eines Zustands, in dem keine bestimmten Werke mehr verrichtet, keine bestimmten Zwecke mehr verfolgt, keine unterschiedenen Interessen mehr realisiert werden müssen, weil *die* Individualität als ganze eben *affirmiert* ist und zur Ruhe kommt –, diese Idee hat in der modernen Gesellschaft ihren festen Platz bekommen. Nämlich als positives Lichtbild all der negativen Erfahrungen, die die Individuen in ihrer Unterwerfung unter die politische Herrschaft und in ihrem Arbeits-Dienst auf sich nehmen; als eine in der Privatsphäre beheimatete Philosophie für jedermann, vor der sehr folgerichtig jede einzelne Tat und jeder vollzogene Genuß als „bloß" sehr teilweise und flüchtige *Pseudo*-Befriedigung zuschanden wird.
Diese von Millionen Menschen gelebte Haltung, der von ihnen verfolgte und ständig enttäuschte *Glücks-Anspruch* hat einerseits die Konsequenz, daß sie selbst, Wissenschaftler und Politiker wie die Wilden über das rechte Verständnis vom Glück laut nachdenken: dem verdanken wir so erlesene Gedanken wie den, daß Geld nicht glücklich macht; Gesundheit soll das

höchste Gut sein und das letzte Hemd keine Taschen haben, womit das Schicksal dann doch alle Menschen gleich hobelt. Daraus können sie ersehen, daß man das wahre Glück vom falschen unterscheiden muß; die „Frage" drängt sich auf, ob nicht die Ansprüche Schuld an den Enttäuschungen haben und Bescheidenheit allein Glück garantiert; ob nicht vielleicht in der Arbeit und Pflichterfüllung, also in der anständigen Bewältigung der Notwendigkeiten das ganze Glück verborgen sei, also genau dort, wo die schönen Definitionen erst einmal Stätten der Beschränkung und des Zwangs entdecken, die menschliche „Natur" zur höchsten „Selbstverwirklichung" gelange.

Und wenn man ersteinmal bei der Abstinenz als dem höchsten Genuß angelangt ist, wird das eigene „Unglück" ganz schnell in der verkehrten und haltlosen Glückssuche anderer erklärlich. In den ökologisch und krebsforscherhaft aufgeblasenen Frechheiten, die sich Nichtraucher seit geraumer Zeit gegenüber Rauchern herausnehmen, die ihnen angeblich das Leben & Schnaufen zur Hölle machen, in allen sonstigen Saubermannsinitiativen geben sich ansonsten sehr anpassungsbeflissene Menschen recht kämpferisch – doch die Hoffnung darauf, daß sie dereinst einmal die Subjekte in Staat und Ökonomie zum Gegner erklären, die ihre „Umwelt" so ungenießbar machen, ist verfehlt. Eher gehen sie mit denen, die das Sagen haben, gemeinsam auf Sinnsuche für alle.

Die andere Konsequenz des Glücksanspruchs vollziehen die Inhaber dieses Titels an sich selber. Sie benützen die Freiheit, die ihnen außerhalb des Arbeitslebens geboten wird, nach Kräften, um sich Betätigungen zu suchen, in denen sie ganz aufgehen können – ohne vordergründige Berechnung, mit *viel Idealismus* also, der die Sache so echt macht. Ohne je Theorien des Spontaneismus zur Kenntnis genommen zu haben, ja vielleicht ohne je das Wort „Selbstverwirklichung" zu gebrauchen, schließen sie sich irgendeiner modischen oder überkommenen Form der Sinnsuche in Sekten und Vereinen aller Art an, für die sie Geld und Zeit opfern, weil sie hier ihre unbeschränkte Willensfreiheit zu exekutieren trachten.

Die Jugendlichen spalten sich in traditionelle Zeltlagerchristen, die das Jungvolk für Kirchentage stellen, in Glaubenspraktiker mit indischem Gebrummel, dem zufolge die ganze Welt nur aus Liebe besteht oder bestehen sollte, in Poppers und Punkers, wo der „Sinn", dem gehuldigt wird, ganz in der Pflege der Tracht liegt, in Bundesligafans und – nicht zu vergessen – in Anhänger eines durch Drogen „erweiterten" Bewußtseins, woraus man entnehmen kann, daß sogar noch ein falsches Bewußtsein von der Realität, die doch die Mittel für „uns" bereithält, selber wer zu sein, stören kann.

Die Älteren halten sich ohne große Prätention an Schalke 04 und Bayern

München, vermeiden familiengefährdende Exzesse, bescheiden sich mit gemeinschaftlichem Alkoholgenuß und halten die Jugend auch auf dem Gebiet der Freizeit für haltlos bis bescheuert. In Künstler- und Akademikerkreisen freilich sieht mancher, zumindest seiner Meinung nach, genau dort das Glück des Menschen angesiedelt, wo seine philosophisch-ästhetische Phantasie zu Berufsehren gelangt ist – Maler, Liedermacher und Philosophieprofessoren sind zumindest bedingt sehr glücklich!

3.

Ihr Liebes- und Familienleben glauben moderne Bürger nie und nimmer gemäß den familienrechtlichen Beschränkungen durch Vater Staat abzuwickeln. Erstens kennen sie die einschlägigen Regelungen des code civil nur vom Hörensagen, und zweitens richten sie sich doch recht eindeutig nach dem liberalen Prinzip jenes Volksliedes, das da tönt: „... kann ja lieben, wen ich will." *Wie* sie das tun, ist allerdings eine recht traurige Sache, und zwar deswegen, weil sie die *Erlaubnis*, in deren Genuß sie auf diesem Felde kommen, ziemlich schamlos (obgleich die Scham eine gewaltige Rolle spielt beim Abwickeln de l'amour!) in den Dienst ihres *Idealismus vom Glück* stellen, auf das ein anständiger Mensch ein *Recht* hat, weil er sich ja sonst alles gefallen läßt.

Das liebe und liebende Individuum vermag aus diesem Grunde nicht mehr zwischen Leidenschaft und Interesse zu unterscheiden. Es führt sich allen Ernstes und im Widerspruch zu jedem Augenschein so auf, als ob sein ganzes Leben von der Erfüllung abhinge, die ihm sein Gspusi zuteil werden läßt bzw. vorenthält. Obwohl ein anständiger Mensch tagtäglich tausend andere Sachen pflichtgemäß erledigt, solange eine „Beziehung" klappt,und bestenfalls einen kleinen Bruchteil seiner Zeit und Kraft auf das geliebte Wesen verschwendet, wird er ziemlich totalitär, sobald sich der/die andere abseilt: dann hängt *alles* davon ab, und die ganze große Subjektivität behauptet sehr praktisch und daher glaubwürdig, daß sie erledigt ist, wenn die andere Seite nicht mehr zur Verfügung steht. Unter dem Motto: „ich brauche dich!" machen erwachsene Leute nicht *ein* ihnen wichtiges Anliegen geltend – mit dem/der anderen zu schmusen und zu schlafen –, sondern legen ihre *ganze* Subjektivität in diesen Inhalt ihrer Betätigung, so daß sie tatsächlich *angewiesen* sind darauf, daß die andere Hälfte *für sie da ist.* Auf diese Weise sorgen bürgerliche Individuen erstens für die heißen Tage des Zustandekommens ihrer Liebschaft, in denen sie nach Kräften ihre sonstigen Geschäfte dem *Idealismus* der Liebe *unterordnen;* für die Organisation ihres regelmäßigen Miteinander als eines *Nützlichkeitsverhältnisses,* das sehr freiwillig bis zu den Höhen entwickelt wird, die dem Gesetzgeber als Verteilung von Rechten und Pflichten zwischen den Beteiligten eingefallen sind; und für die Beendigung der Liebe, die deswegen dramatisch verläuft, weil die andere Seite nicht nur abhaut, sondern das *Glück* der einen, jenen Rechtstitel eines ganzen, in seiner Ehre getroffenen Menschen kaputtmacht.

a) Der Genuß einiger schöner Stunden, auch die technische Vorsorge dafür, daß immer wieder mal was läuft – die leidige Wohnungsfrage –, das alles hat erst einmal gar nichts damit zu tun, wie sich ein bürgerliches Individuum sein Liebesleben vorstellt und einrichtet: nämlich als die Abteilung seines Daseins, in der es einigermaßen für seinen Anstand und Gehorsam, eben für seine gar nicht lohnende Rechtschaffenheit *entschädigt* wird. Wo ihm unabhängig von seiner Leistung *Anerkennung,* ja Zuneigung zuteil wird, ganz allein wegen der vortrefflichen *Besonderheit,* die es *ist.* Hier hat man endlich Gelegenheit, „verstanden" zu werden; hier gelten die bösen Gesetze des Vergleichs nicht, die Verstellung des öffentlichen Lebens hört auf – und der andere wird einem so teuer, weil er einen selbst in der ganzen Einzigartigkeit würdigt, von der die übrige Welt nichts wissen und halten will. Hier sind *„meine Probleme"* gut aufgehoben; sie werden *unsere*, und ganz *spontan* kann man sich geben – im Gegensatz zur tagtäglichen Berechnung –, ganz so, als wäre das Privatleben mit der Beziehung zwischen den Geschlechtern der ansonsten mißachteten Individualität als Heimstatt eingerichtet worden.
Diese Illusion ist zwar ebenso leicht zu durchschauen wie die vom Wählen als einer Veranstaltung, in der die politische Gewalt kontrolliert wird, wie die Lüge der Werbung, die Waren seien preiswert und deshalb wegen der Bedürfnisse der Individuen auf die Welt gekommen, um ihrem Geschmack Genüge zu tun; dennoch ist auch diese Illusion sehr beliebt, weil sie als *Anspruch* taugt, mit dem sich leben läßt, an dem man auch sämtliche Erfahrungen messen kann, vor allem aber die Liebste und den „Partner". Denn dem anderen obliegt ja die edle Pflicht, den hohen Ambitionen der Liebe gerecht zu werden; es geht ja nicht um das bißchen Zuneigung und Zärtlichkeit, sondern darum, daß eine Individualität garantiert ihre *Bestätigung* bekommt, die ihr sonst versagt bleibt. Anstatt sich ein paar schöne Stunden zu gönnen, wird das große Glück geschmiedet – die Liebe soll alle Unkosten tragen, die der Mensch im gewöhnlichen Leben sich so einhandelt, so daß die moralische Menschennatur vom ersten Durchgang an ihr Gegenüber mit allerlei Zweifel bezüglich dessen Gefühlen behelligt – die Frage „Magst du mich noch?" erkundet nämlich nicht die Existenz liebenden Wohlwollens, sondern prüft voller Verdacht, ob die Gefühlsverfassung des anderen (noch) das leistet, wozu sie mit Beschlag belegt wird. Und sowenig ein Gefühl, mit Augen, Mund, Händen und anderen Körperteilen

praktiziert, *das* je leisten kann, was da von ihm gefordert wird, so gewaltige Taten führt es herbei, wenn ihm zwei Herzen die Beweislast auferlegen für ihr Verlangen nach einem sicheren Hafen, in dem die vortreffliche Persönlichkeit, immer und unabhängig von ihren „Schwächen" und „Verdiensten", auf treues Verständnis rechnen darf.

b) Die *Erfüllung des Glücks* liegt schlicht darin, daß sich die Liebenden wechselseitig den *Beweis* liefern, *füreinander da zu sein.* Sie „binden" sich aneinander, indem sie das informell schon sechsundneunzigmal abgelegte Versprechen ganz formell auch noch abgeben: das Gelöbnis, das zunächst immer mal beiläufig aus Begeisterung und zum Zwecke der Einstimmung der anderen Seite fällig ist, wird zur feierlichen *Verpflichtung,* wobei die Regeln des Liebesvertrags den Brautpaaren nicht einmal dadurch verdächtig werden, daß nicht sie selbst, sondern der Staat sie aufgestellt hat. Aus dem gar nicht vornehmen Interesse heraus, der geliebte Schnurzel solle immer und ganz mit seiner Liebe zu Gebote stehen, erfüllen sie gleich noch das staatliche Bedürfnis nach zwei, drei, vielen Keimzellen seiner selbst. Genügsam verdient die Leidenschaft, die da die Geschlechter ergreift, wahrlich nicht genannt zu werden: Besitzergreifung von Diensten „in guten wie in schlechten Tagen" wird praktiziert, und wie die Dienste beschaffen sind, entscheiden die Gesetze, die der Staat erläßt und der Arbeitsmarkt so in sich hat. *So* machen sich einander halbwegs gewogene Männlein und Weiblein das staatlich dekretierte *Nützlichkeitsverhältnis* zu ihrem höchstpersönlichen Anliegen – und das Gefühl, sich einer dritten Macht zu unterwerfen, kommt angesichts der Macht der Liebe, die zweifach vertreten ist, gar nicht erst auf. Damit ist der vor Zeugen abgelegte Liebesbeweis aber erst am Anfang: wenn die Lust, miteinander zu schlafen, nicht schon vorher zu konkreten Ergebnissen geführt, hat, führen sich Brautleute so auf, als hätten sie sich mit Hegel eingelassen. Sie verlangen nach einer „Objektivierung" ihrer Liebe, auf daß sie deren Werk als Einheit von Fleisch und Geist vor die Augen zur Anschauung kriegen. *Kinder* werden in die Welt gesetzt von Leuten, die schon manche schlechte Meinung über die Welt ihr eigen nennen und täglich einige Enttäuschungen dazu sammeln. Von Leuten, die vor lauter Liebe die seltsame Hoffnung schöpfen, sie könnten ausgerechnet ihren Kleinen den Weg zu einem feinen Leben ebnen. Deswegen werden diese auch gleich mit der Dressur beglückt, durch die sie ihre Eltern glücklich machen. Stolz und Enttäuschung wechseln sich stündlich ab; mit dem Erwachen eines selbständigen Willens entwickelt der Nachwuchs seine wuchtige Dialektik für den pädagogischen Idealismus, dessen *Lohn* – so richtig *dankbare* Kinder – ständig in Gefahr ist. Einerseits sind Kinder eine Freude, eine Gabe Gottes und eine schöne Last, andererseits gehören sie an die Wand gehaut. Prügel werden aus Liebe

verabreicht.
So wird sich wechselseitig und im Betreuen des Nachwuchses die Liebe bewiesen, daß es nur so kracht. Was auch wiederum nicht verwunderlich ist. Ganz nebenbei scheiden sich nämlich die Zuständigkeiten innerhalb der Glücksgemeinschaft – was keine psychologischen Gründe hat, aber eine gewisse Einstellung beider Parteien erfordert. Denn eine „Arbeitsteilung" ist es nicht, die da ganz ohne größeren Ratschlag wie von selbst einreißt. Der *Mann* pflegt das *Ideal der Kompensation* auf die Frau anzuwenden und sie gern zu haben, weil und insofern sie für die Familie, damit für ihn da ist; die *Frau,* solange sie es aushält, sieht ihre Aufgabe eben darin, dieses Ideal durch ihre Taten zu realisieren. In gar nicht allzulanger Zeit werden sie sehr unzufrieden miteinander, sie entdecken die trostlose *Beschränktheit* des anderen, der einen plötzlich nicht mehr versteht, was den Seitensprüngen ohne Vorbehalt mitgeteilt wird.

c) Die *Zerstörung des Glücks* steht durchaus im Programm. Und nicht nur in einer nach allen Regeln der Kunst geführten Ehe, sondern überall, wo anständige Pärchen sich mit dem Anspruch traktieren, einander *das Leben* schön zu machen. Dafür, daß jede die andere Seite zur bleibenden Quelle einer Liebe erklärt, welche den moralischen Hunger einer rechtschaffenen, aber von der Welt nicht zufriedengestellten Persönlichkeit befriedigen soll, büßen auch ohne Trauschein und Erben miteinander gehende Leute. Denn die Forderung, der/die Liebste solle in ihrem Mögen der ganzen Seele eines im politischen und beruflichen Alltag unter Wert ge- und behandelten Menschen Genugtuung verschaffen, führt zu einer dauernden Bedrohung durch ihre *Umkehrung,* die das Geheimnis der in den privaten Refugien üblichen „Abhängigkeit" ausmacht. Die im Verlieben stets eintretenden Zufälle – wer sieht, trifft, spricht in welcher Laune wen! – gefährden nicht nur die Wohn- und Geschlechtsgemeinschaft; sie stellen die *Ehre* einer kompletten Persönlichkeit in Frage, die das Scheiden der anderen jetzt als negatives Generalurteil über sich auffaßt, so wie zuvor das Geliebtwerden „mehr" war! Dem Rechtsanspruch auf die Liebe folgt nicht nur ein bißchen Liebeskummer; Eifersucht stellt sich ein, ein munter Vergleichen und Kämpfen hebt an – schließlich entfernt sich da nicht jemand aufgrund seiner Lust zu neuen Taten oder wegen seines Überdrusses, den alten Kram fortzuführen: da stiehlt einem jemand das Glück, für dessen Bewerkstelligung er zuständig ist.
Diese Subsumtion all dessen, was wirklich zwischen einer Frau und einem Mann läuft, unter die Aufgabe, einem bürgerlich gestimmten Gemüt *die* Erfüllung angedeihen zu lassen, sorgt im übrigen dafür, daß der besagte Zufall für die Beendigung einer Liebschaft gar nicht vonnöten ist bzw. nur für das offizielle Ausbrechen der Katastrophe taugt. Wenn die Zweifel an der

Zuverlässigkeit der Gefühle – der eigenen wie der/des Geliebten –, die Klagen und Verdächtigungen schon längst der Liebe den Garaus *gemacht* haben, so heißt das aus demselben Grund nicht, daß sich die Trennung von Tisch und Bett nüchtern und rationell vollzieht. Denn der negative Bescheid wird ja nicht als Ende der Liebe, sondern als schwerwiegende Botschaft über die eigene Liebens*würdigkeit* genommen – und das hat sehr unangenehme Folgen.

Die einen wickeln ihren Liebeskummer so ab, daß sie die Absage, die sie von ihrem Ex-Glück erhalten, für eine Verurteilung ihrer selbst nehmen, die sehr berechtigt ist. Sie halten sich deshalb ab sofort für das Ekel und die Flasche, als die sie in den heftigen Tagen des Streites bezeichnet werden – nach dem Motto: wenn *der/die* es sagt, dessen/deren Verständnis ich bis zum Geht-nicht-mehr genießen durfte! –, und gehen in sich mit psychologischen Konsequenzen. Eine gewisse Sicherheit bezüglich der eigenen Minderwertigkeit stellt sich ein, die sich bei Intellektuellen dann mit der Lektüre von E. Fromm und dümmeren Theorien ihre Bestätigung holt, wobei es sehr darauf ankommt, ob der Leidtragende die tiefen Einsichten in die psychologischen Techniken nur auf sich oder auch noch gegen andere, zur Eroberung neuen Verständnisses anwenden will. Eine ganze Menge Leute jedenfalls ziehen den „Schluß", daß es wohl an ihnen und ihrem Charakter liegen muß, wenn sie sogar auf dem Felde der Liebe verraten und verkauft sind, daß nichts mehr zu machen ist, und werden verrückt, wenn sie nicht sogar Hand an sich legen.

Die anderen wehren sich ihrer Haut, und zwar ganz gemäß den hohen Maßstäben, die sie schon immer an die Liebe angelegt haben. Sie führen schon den Streit gleich offensiv und teilen ihrem Stern von gestern mit, wie sehr er sie enttäuscht hat, sie, die „alles" für ihr Herzblatt getan haben; Egoismus ist da noch der harmloseste Vorwurf, wenn aufgrund der intimen Kenntnis der kleinen „Schwächen" und gewohnheitsmäßigen Torheiten sowie Gemeinheiten „schmutzige Wäsche" gewaschen wird. Das Bloßstellen des Liebsten vor Dritten, schon während besserer Tage eine beliebte Übung, wird jetzt zur professionell betriebenen Strategie – und wenn man sich die Überzeugung ganz fest zu eigen gemacht hat, welcher Sau man Jahre seines Lebens vertraut und geopfert hat, ist man auch, und zwar in allen Schichten der Gesellschaft, bereit, den anderen umzubringen. Schlägereien sind ja ohnehin üblich! Die *Verbrechen* der dritten Art, deren selbstverständlich auch eine zärtliche Frauenhand fähig ist, geschehen tatsächlich aus *Leidenschaft,* die bürgerliche Moralisten befällt, wenn von ihrem *Ein und Alles,* als das sie ihre Liebschaft handhaben, *nichts* übrig bleibt.

4.

Da aus dem Verhältnis der Geschlechter, wie es moralische Subjekte arrangieren, viel Leid und wenig Freud' resultiert, sind die Betreffenden und Betroffenen seit geraumer Zeit entschlossen, „neue Wege" zu gehen. Leider ist dabei die Fortsetzung bürgerlicher Liebeskünste beabsichtigt, und auch die Familienidee nimmt keinerlei Schaden. Der Versuch, die zersetzenden Wirkungen der „Bindung" zu bremsen, vielleicht gar nicht aufkommen zu lassen, heißt *Partnerschaft.* Anstelle der früher verbreiteten Manier, lebenslänglich die Zähne zusammenzubeißen und unter Heranziehung christlicher Maximen das Opfer für die Familie als Weiß-Warum ihres eigenen Daseins auf sich zu nehmen, ist den modernen Frauen ein neues Ideal gekommen. Sie haben die Beschränkungen, die ihnen mit ihrer Funktionalisierung für das gesammelte Privatleben der Gesellschaft aufgeherrscht werden, zum Anlaß genommen, erst einmal auf der *Anerkennung ihrer Leistung* zu beharren; da sind Forderungen nach Entlohnung für die Führung des Haushalts erhoben worden, so als ob die *Würdigung des Dienstes,* gerecht vollzogen nach sämtlichen Gleichheitsgrundsätzen, alles zum Besten regeln würde. Unter Gleichheitsvorstellungen sind auch die Entdeckungen anderer Art subsumiert worden; Emanzipation der Frau sollte plötzlich dadurch zustandekommen, daß Frauen (auch noch) arbeiten gehen – ein Anliegen, dem entsprechend den Erfordernissen des Arbeitsmarktes stattgegeben wird, freilich unter Wahrung der ungemütlichen „leistungsgerechten" Entlohnung, von der manche Frau am Band bei Siemens ein Lied singen kann. Denn daß die *Reduktion* auf Heim und Herd *die* authentische Benützung des Weibes darstellt, heißt ja nicht umgekehrt, daß ihre Eingliederung in die Hierarchie der Arbeit ein Segen ist. Über die Wahrheit, daß Männer mit ihren Frauen umgehen wie mit einem dienstbaren Knecht, der nichts weiter zu melden hat und auch von allem Wichtigen auf der Welt keine Ahnung hat, ist es auch üblich geworden, auf gleichberechtigte *Diskussion* zu setzen, so daß das Ideal der Konkurrenz glücklich mit dem der Demokratie vereint war und beide gemeinsam als Kritik an der Rolle der Frau öffentlichkeitswirksam vertreten wurden. *Repression* heißt dann das Schlagwort, mit dem alle Spezialitäten des Verhältnisses zwischen den Geschlechtern erschlagen wurden – und der großartige Kampf, der schließlich per Frauengruppe & -zeitschrift geführt wird, ist einer gegen *den* Mann, die „Männergesellschaft": „wieviele Frauen sitzen im Bundestag?" Traurig zu sehen, wie aus dem Entschluß, sich die Kosten des Privatlebens nicht mehr gefallen zu lassen, eine Bürgerinitiative des Inhalts geworden ist, *„ganz Frau und trotzdem frei zu sein"* – bis hin zu freudigen Bekenntnissen zur Mutterschaft als einem Erlebnis der erlesensten Natürlichkeit! Die Vorstellung vom Recht auf ein spezifisch frauliches Glück, die Anwendung des Ideals der Kompensation, wie es der Mann gegenüber der Frau geltend macht, durch seine *Umkehrung*, die Inszenierung fraulicher Initiative als Sonderfall von „Selbstverwirklichung" ist alles, was den *Kampf der Geschlechter* ausmacht. Inzwischen gehört – zumindest in gehobenen Kreisen – das Begutachten des Verhältnisses von Mann & Frau, die offizielle Bekundung von „Verständnis" zu den Bedingungen einer locker gehandhabten Partnerschaft, zur Demonstration dessen, daß die eigene Liebschaft eine Ausnahme ist und *deswegen* – funktioniert, bis auch hier die methodischen Verrenkungen, die aufs Gelingen der „Zweierbeziehung" berechnenden Liberalismen das moderne Glück nicht mehr zu retten vermögen. Dann ist er „autoritär" und „patriarchalisch" – und sie kriegt die üblichen „Vorurteile" eben psychologisch serviert.

5.

Über das Bedürfnis nach Glück, das den auserwählten Menschen mit dem Auftrag befrachtet, die ziemlich umfassenden Ansprüche der eigenen Persönlichkeit zufriedenzustellen – die will ja nichts Geringeres, als mit der Welt versöhnt werden –, hält der *Standpunkt der Konkurrenz* Einzug ins Reich der Liebe. Da geht es zu wie auf einem Markt, wenn die Tauglichkeit des anderen Geschlechts *geprüft* wird und das gerade vorhandene Gefühl den Verdacht zu bestehen hat, ob es auch zu Recht vorhanden und von Dauer sei, d.h. sich auf den oder die „Richtige(n)" wende. Kaum ist die Zuneigung aufgekommen und man hat Lust auf jemanden, meldet sich der Verstand zu Wort, der dem Gefühl mißtraut und die Leistung, die ihm abverlangt wird und deren es nie und nimmer fähig ist, in Erinnerung ruft mit der kritischen Frage, ob man sich durch die Festlegung auf eben den/die *nichts vergibt*. Daß man bei der „Wahl" und Dauer seiner „Verhaltnisse" zwischen „spontaner" Neigung auf der einen Seite, der Tauglichkeit dessen, den man sich in einer schönen, aber schwachen Stunde an Land zieht, auf der anderen zu entscheiden hat, weiß ein jeder. Unbefangenes Zusehen, was sich daraus *machen* läßt, ist weder üblich – noch ratsam, und zwar wegen der unter moralischen Menschen geläufigen Verlaufsformen einer „gescheiterten" Geschichte. So geraten die Abwägungen bezüglich der Kandidaten recht komisch, und die Berechnung gewinnt, weil dem hohen Ziel der Glückseligkeit verpflichtet, genau die materialistischen Qualitäten, die den Materialismus vor dem Urteil der Moral so niederträchtig erscheinen lassen.

Schon die gewöhnlichste Weise, in der sich jemand für ein Exemplar des anderen Geschlechts interessiert bis begeistert zeigt, wird da von seinem berechnenden „Gewissen" und seiner Umgebung in Frage gestellt. Die vielgepriesene Schönheit – des Gesichts wie weiter unten liegender Körperformen–erfreut sich sofort der herzlichsten Relativierung: „*bloß*" ein hübsches Gesicht hat sie dann, „*zwar*" eine gute Figur – als ob das nicht die Quelle des Gefühls *wäre*, genau so gut wie in anderen Fällen die Manier zu gucken, zu sprechen und anderes mehr. Kein positives Kriterium gilt einfach, weil die berechnende Liebe eben sich ihre Kriterien *schafft*. Die Männerwelt, deren Appetit ja durchaus sich vornehmlich an den Attributen der Schönheit entzündet, die bekanntlich welkt wie alle Rosen, ergeht sich bei der Besichtigung des „Angebots" in Abqualifizierungen der lächerlichsten Weise, ganz so, als würde ein Mann von heute vor Intelligenz und Einsichten in die Welt nur so strotzen, so daß ihm furchtbar daran liegt, ausgerechnet auf dem Feld der Liebe einen kongenialen Geist zu ergattern. Sollen sie doch die Dame ihres Herzens rauben und ihr etwas von ihrer Größe mitteilen: dann haben sie eine Orgie nach der anderen und die Frau benützt die mit Liebe vollzogene Kritik ihrer Schwächen zu ihrer Emanzipation. Die Beurteilung ist aber eine erlogene und gerät zur dauernden Aburteilung, weil der „Partner" daraufhin besichtigt wird, ob er einem auch garantiert alles recht macht. Man hat eben seine Ideale – und die Realität sieht entsprechend aus; denn die Umkehrung der Kriterien geht ja genau so vor sich. Dieselben Burschen wollen sich ja auch nicht mit einer Gespielin abgeben, die ihren Hegel kennt, jedoch bei der Befriedigung des Auges, das mit ißt, schlechte Noten verdient. Das Ergebnis ist so allgemein wie bekannt. Alle jene vortrefflichen Kreaturen „nehmen" sich Frauen, bei denen es an der einen Ecke oder an der anderen „hapert" (das Ideal existiert ja gar nicht, bleibt aber Maßstab!), meistens an allen Ecken, sind dann unzufrieden mit ihren Gespielinnen bis zu dem Punkt, daß sie sich *ihrer schämen*, und stellen am laufenden Band Vergleiche an, daß es kracht – wörtlich: denn Kritik und Hilfe ist ja sowieso nicht fällig, wo das eigene Selbstbewußtsein bei jedem Wort die Zunge bewegt.

Daß sämtliche Eigenschaften des potentiellen und wirklichen Partners nach dem hohen Dienst klassifiziert werden, den sie für das vortreffliche Ich zu stiften haben, ist ganz nebenbei auch der Grund für die prinzipiell für unmöglich und unzulässig befundene *Trennung von Sex und Liebe*. Diese wird von modernen Individuen mit ihren „zwars" und „abers" *vollzogen*, ganz so, als wären sie gläubige Christen und hielten die „körperliche Vereinigung" zwischen mit Willen und Bewußtsein versehenen Menschenkindern für eine Sache, die dem Menschen, der doch Moral hat, so einfach nicht anstehe und die ihn in die Niederungen der Hirschkäfer ziehe. Da gibt es dann die ausdrückliche Absicht, *bloß* zu vögeln, und in den kommunalpolitisch nicht unwichtigen Bordellen ist diese Absicht sogar öffentliche Institution – und die Auffassung, daß *eigentlich* mehr und Höheres dazugehöre. Leider können wir dem nicht zustimmen, weil im Ernstfall und

Bett höchstens das Bett hoch oder niedrig ist.
Allerdings tut besagte Trennung nicht nur bei Mannsbildern ihre Wirkung. Frauen, die in der Mehrzahl ihren Dienst als ihre Erfüllung antizipieren und betrachten, vollziehen ihre Entscheidungen eben umgekehrt. Sie sind gefühlsmäßig auf der Höhe, wenn ein Mannsbild auftaucht, das den Eindruck macht, daß man bei ihm mit seinen Liebesdiensten gut aufgehoben ist. Die Attraktivität wächst da sehr proportional mit dem, was einer außerhalb der exklusiven Sphäre des Mögens zählt; und die Wünsche einer Frau sind ersteinmal zufriedengestellt, wenn sie ein – für „ihre Verhältnisse" – erlesenes Exemplar der Gattung lieben *darf,* so daß die sinnliche Seite im heimlichen Schmachten nach dem verehrten Filmschauspieler zum Zuge kommt. Diese leider sehr reale Verallgemeinerung wird nicht einmal in den Kreisen übermäßig häufig widerlegt, wo sich Frauen mit Abitur, gutem Elternhaus und sonstwas wie Subjekte gebärden können, die selbst „nachfragen" und wählerisch sind. Und die Kritik der Feministinnen, die sich zu Recht an den einschlägigen Praktiken entzündet, wird peinlich, wenn sie in die gar nicht rationale Ideologie übergeht, *Frau sein* wäre Grund genug für Wertschätzung, weil Inbegriff liebenden Umgangs miteinander, quasi die leibhaftige Präsenz einer *Kritik* an den von Männern ins Werk gesetzten Prinzipien der Konkurrenz und Repression. „So, wie man ist", anerkannt und *unbedingt* geliebt zu werden, ist ein Anspruch, der auch ohne seine frauenbewegte Spezialisierung üblich ist, weil er die Umkehrung der Abqualifizierung und dazugehörigen „Behandlung" zum Ideal wirklicher Liebe erklärt und sich an nichts anderem orientiert als schon wieder dem Glück. Dergleichen taugt ebensowenig wie die Leistung, derer Frauen, die ihre „sinnlichen" Momente unter sämtliche Berechnungen subsumieren, durchaus fähig sind: des launisches *Verstoßes,* der ganz „spontanen" *Verführung* so oder anders herum mit nachfolgendem Katzenjammer, der sich deswegen einstellt, weil auch die paar schönen Stunden so ganz und gar dem „eigentlichen" Glück verpflichtet waren und sich von daher dann doch nicht als „Genuß ohne Reue" betrachten lassen ...
So machen alle Beteiligten eben auch auf dem Gebiet des Mögens ihre schlechten Erfahrungen und erfinden sich und anderen am laufenden Meter *Rezepte,* mit den Schwächen und Stärken des Partners ebenso wie mit den eigenen „fertigzuwerden", d.h. sich zu arrangieren. Ganz findige Leute haben in Anbetracht der allseits bekannten Enttäuschungen den überkommenen Weisheiten – „Die Liebe ist ein seltsames Spiel", oder an die Jugend: „Heirate bloß nicht!" – die *Promiskuität* als Empfehlung hinzugefügt; gewissermaßen als den aus den gesammelten Erfahrungen des Unglücks in der Liebe heraus fälligen Weg. Die Idiotie des Auftrags, den man sich mit der Praktizierung dieses Ideals erteilt, verrät deren Herkunft.

Warum sollte man eigentlich nicht mit einer/einem die Freuden des Mögens auskosten? Wenn sich etwas Neues oder mehreres gleichzeitig schiebt, wird der Mensch ohnehin zusehen müssen, weil er bemerkt, daß *Treue* nur ein „leerer Wahn" ist und auch dieses Gebot unter das Sicherheitsbedürfnis des Glücksbolzens fällt. Deswegen die Eitelkeit des enttäuschten Glücksspielers, der „weiß", daß *ihm* alle *nicht* genügen, in ein Programm umzusetzen, ist sehr töricht – und die Anstrengungen in dieser Richtung blamieren sich vor den praktischen Schwierigkeiten, die gerade die negativen Moralisten mit dem Aushalten bekommen. Leider gehört aber auch diese Verwendung des bißchen Trieblebens, das man so pflegt, zu den Veranstaltungen, in denen sich normale Menschen die *Verrücktheit* leisten, sich auf die Repräsentation ihrer vortrefflichen Individualität zu verlegen.

TEIL III:

Vom Scheitern zur Selbstzerstörung – Das Reich der Psychologie

Aufgrund des Moralismus, mit dem sich die Individuen in Staat, Konkurrenz und Privatleben einrichten, ist die bürgerliche Welt voller *Charaktermasken.* Das sind Leute, die sich immerzu frei entscheiden und sich auf ihre Entscheidungen einiges einbilden, obgleich sie sich dabei immerzu Zwecken dienstbar machen, die sie nicht einmal kennen und die sie heftig in Abrede stellen, wenn man sie ihnen sagt. Leute, die mit dem Gestus der Souveränität durch die Landschaft des Imperialismus marschieren, weil sie ihre *Subjektivität* unterstreichen, unabhängig davon, welchen *Inhalt* sie dieser Subjektivität durch ihr Denken und Handeln geben. Die ihre Subjektivität pflegen, indem sie getrennt von allem, was sie zu tun gezwungen sind und worauf sie sich einlassen, *sich* explizit als *Mittel* eines Erfolgs herrichten, der durch ihre Taten gar nicht zustandekommt – also einen Erfolg *jenseits* ihrer gewöhnlichen Beschäftigung anstreben („Selbstbewußtsein", „Anerkennung", „Selbstverwirklichung"), der sie zufrieden stimmt.
Das sind Leute, die in Tausenden von idiotischen Vor- und Nachteilsrechnungen ihre Willkür genießen und nichts so einleuchtend finden wie die Notwendigkeit von Herrschaft; die einen Gedanken ob seiner Allgemeinheit für etwas Unpersönliches halten und deshalb vor allem beim Denken auf die Spezialität ihres persönlichen Meinens pochen – und die sich dabei in ihren Anschauungen über sich und den Rest der Welt so trostlos gleichen. Denn die bunte Vielfalt unterschiedlicher Charaktere verdankt sich ja nicht der Tatsache, daß sich da einzelne überlegt haben, welche allgemeinen Zwecke sie mit welchen Gründen realisieren wollen, was sie dabei für wesentlich und was für unwichtig erachten; vielmehr dem Entschluß, *sich im Rahmen des Möglichen zu behaupten,* der Absicht, sich je nach individueller Erfahrung nach der Decke zu strecken, den Anschein einer gewitzten Weisheit und Lebenskunst zu verleihen.
Nichts belegt dieses traurige Funktionieren bürgerlicher Herrschaft eindeutiger als die populäre Phrase von der „Selbstverwirklichung", in der Leute aus den verschiedensten Ecken der gesellschaftlichen Hierarchie versichern, welch hohes Ideal sie sich mit ihrem „Ich" zurechtgelegt haben und wie unabhängig sie sich dabei von dem wähnen, was ihr liebes „Selbst" zu treiben gezwungen und bereit ist. Sie gehen sogar so weit, den Gegensatz zwischen ihrem Anliegen und den Mächten moderner Staats- und Wirtschaftsführung zu leugnen, wenn sie bemerken, daß ihrem Ideal von sich

nicht entsprochen wird: echte Psychologen, erfinden sie an sich Charaktermängel, Hemmungen und Verklemmungen, die von ihrem freien Willen nichts mehr übriglassen. Und auch bei anderen weigern sie sich, die Zwecke zu prüfen, denen ihr Bewußtsein und Handeln gilt; lieber suchen sie nach stets schon ausgemachten „Motiven" wie Selbstbehauptung und Anerkennung.

Während die Prätention, in ganz besonderer Weise mit der Welt, der man sich anpaßt, fertig zu werden, als *Charakter* daherkommt – als Demonstration des „Seht, wie ich das Leben zu meistern weiß!" –, läuft die Berufung auf die negative Besonderheit – „Seht, was *mir* zur Bemeisterung des Lebens mangelt!" – unter dem Titel *Krankheit.* Daß es sich dabei um etwas ganz anderes handelt, nämlich um eine ausgefeilte *Technik des moralischen Subjekts,* das sich ausgerechnet in seinem Scheitern ganz fest behaupten will – also um eine sehr selbstzerstörerische Leistung des freien Willens, widerlegt zwar die ganze Psychologie, beflügelt aber ihre Apostel zu ständig neuen Deutungskünsten. Daß diese Wissenschaft mit dem medizinischen Ethos praktischer Hilfe auftritt und sich in ihrer Hilflosigkeit eingerichtet hat, wissen ihre Vertreter nur zu genau. Aus ihren „therapeutischen Problemen" ist ihr ja schon längst der Übergang zur Weltanschauung geglückt, die allen Anwälten der „gesunden" moralischen Subjektivität zu Diensten ist, ob es sich nun um Fußballtrainer oder Pfaffen handelt.

§ 9

Die Unternehmungen, durch die ein moralisches Ich der bürgerlichen Welt entsprechend *deren* Gesetzen Reichtum und Glück dazu abtrotzen will, bewirken für wenige Wohlstand und einen mit allerlei Blödsinn erfüllten „Freiheitsraum", für die vielen ein sehr begrenztes und immer gefährdetes Budget sowie eine Latte persönlicher Enttäuschungen. Sie gewahren mit jedem neuen Tag, daß das „*Leben ein Kampf*" ist, den nur besteht, wer seine gute Meinung von sich selbst nicht aufgibt, *nicht* „*resigniert*". Die Unzufriedenheit mit der Welt darf nicht praktisch werden, weder so, daß man ihr den begründeten Kampf ansagt, noch in der Weise, daß man *realitätsuntüchtig* wird.
So legt sich das kritische Subjekt einen *Charakter* zu: Es stellt sich *methodisch* zu allem, was es tut, *und* zu den Techniken seiner Unterwerfung, die als Mittel der Durchsetzung eben nur bedingt taugen. Aus dem spärlichen Repertoire solcher „Mittel" werden fürs Individuum *Strategien der Schadensvermeidung*, die es qua Erfahrung, auf die es stolz ist, zu fest umrissenen Gelegenheiten und in den verschiedenen Sphären seines Mißerfolgs zur Anwendung bringt. In einem Bereich legt der Bürger grundsätzlich Wert auf die Demonstration seiner Unzufriedenheit, in andern verlegt er sich auf die Kunst der Angeberei und in einem dritten hält er auf Ordnung, wodurch er in den Genuß kommt, seine Tüchtigkeit und Zuverlässigkeit sich und anderen zur Anschauung zu bringen. Die individuell ausgebildeten Gewohnheiten, die sich von Argumenten zur Scheidung von Wesentlichem und Nebensächlichem am allerwenigsten leiten lassen, sind dem Ziel der *Selbstbehauptung* untergeordnet. Die Verfolgung der Absicht, über alle Fährnisse hinweg am Ideal der Rechtschaffenheit festhalten zu dürfen, bringt die liebenswerten Schrullen moderner Zeitgenossen sowie eine *inhaltslose Kritik* an der näheren und ferneren Umgebung hervor, über die sich schon lange keiner mehr aufregt: „Mir paßt das nicht!"; „ Man sollte mehr Verständnis haben für mich/für andere!" und „Ich kann mich nicht einbringen!" etc. heißen die Phrasen, in denen die Welt behandelt wird, als wäre sie dafür eingerichtet, nur dem Menschen, der so spricht, höchstpersönlich zu Diensten zu sein.

1.

Bürgerliche Individuen pflegen eine eigentümliche Art von Realismus. Der Illusion, sie könnten mit ihren Kollegen und Arbeitgebern, mit Politikern, Behörden und Beamten, sogar mit ihrer Familie und dem privaten Bekanntenkreis je nach dem als positiven Bedingungen und verläßlichen Helfern bei ihren Vorhaben rechnen, hängen sie nicht an. Umgekehrt: von der Arbeitsstelle, an der man „nicht untergebügelt werden" will, was tägliche Anstrengung kostet, bis zum Behördengang und bis zum „ungezwungenen" Meinungsaustausch, wo dieselbe Gefahr droht und abgewehrt sein will, von den Kindern, die ihren Eltern „über den Kopf wachsen", und dem Ehegatten, der den Liebsten bzw. die Liebste überhaupt nicht angemessen zu würdigen weiß, bis hin zu wildfremden Passanten, denen man besser nicht erst zu nahe kommt, kalkuliert ein Mensch von heute seine Mitmenschen und Lebensumstände als eine Ansammlung von Problemen, die aus der Befassung mit ihnen erwachsen. Und dafür bedarf es gar nicht erst eines bestimmten Anliegens, dem gegenüber die Welt sich als in bestimmter Weise feindlich erweist. Von vornherein wird die Welt unter dem formellen Gesichtspunkt betrachtet, ein potentielles Hindernis zu sein, mit dem der Mensch sich „auseinandersetzen" muß; ein Hindernis für die Verwirklichung der ebenso formellen, vor jedem Zweck feststehenden Absicht, sich von der Welt „nicht unterkriegen" zu lassen, sondern in täglicher Anstrengung nicht mehr und nicht weniger als *„sich"* zu „behaupten".

Es ist ein zirkuläres negatives Vorurteil, mit dem das fertige bürgerliche Individuum der Welt gegenübertritt; ein Vorurteil, das überhaupt nicht als Gegnerschaft gegen die so verurteilte Welt gemeint ist, sondern ihr den Charakter eines prinzipiellen Problems zuschreibt, das man zu bewältigen gedenkt. So enthält es denn auch nicht einmal der Absicht nach eine Wahrheit über die tatsächlich herrschenden Zwecke und deren Unvereinbarkeit mit den Bedürfnissen der dafür in Dienst genommenen Menschheit, sondern spricht allein die Gewißheit aus, daß in dieser Welt das *Mitmachen* durchaus keine einfache Sache ist, vielmehr beständige Vorkehrungen gegen drohenden Schaden erfordert. Es ist der *Wille, sich zu fügen,* der hier sehr prinzipiell gegen „die Realität" den Vorwurf erhebt, sie wäre ihm *dafür* nicht von Nutzen, sondern sogar hinderlich. Die folgerichtige Konsequenz ist der täglich erneuerte und zur Gewohnheit ausgebildete Entschluß, mit einem lebenslänglichen *„Trotzdem"* der widerspenstigen Welt den einen Erfolg abzuringen, daß wenigstens man selber in der *Aufmerksamkeit auf sich* nicht nachläßt und die Welt dies mindestens zur Kenntnis zu nehmen hat.

2.
Dieses defensive, inhaltslose, methodische Beharren auf sich, oder umgekehrt: der trotzige Wille zum Mitmachen, das ist der Gesichtspunkt, unter dem ein vollwertiges Mitglied der bürgerlichen Gesellschaft sein alltägliches Dasein einrichtet. Es probiert Manieren aus, die dazu führen sollen, daß an seiner Person ein prinzipielles, zweck- und inhaltsloses Interesse genommen wird, wo gar kein Interesse an ihm besteht – oder daß es wenigstens vor dem eigenen Geschmacksurteil als eingebildeter Meister der Situation besteht. Mit demselben Ziel eifert es Vorbildern nach, deren Attitüden ihm imponieren, bildet sich umgekehrt allerlei Vorstellungen darüber, was peinlich sei, und sortiert so sein Leben mehr oder weniger exakt nach den Weisen, sich aufzuführen, die es jeweils für angezeigt hält: als lockerer Frauenheld, der in seinen drei Abenteuern den Sieg über das andere Geschlecht feiert, im Kreise seiner Kollegen und Bekannten – und womöglich gleich anschließend, mit seinem Weib allein, als geplagtes, liebesbedürftiges Problemkind oder als unverstandener Gatte; als allezeit munterer Stimmungsmacher am Arbeitsplatz – oder auch, wenn ihm das mißlingt, als tiefsinniger Misanthrop oder als fürsorglicher Kummerkasten für die Kollegen; als Durchblicker, der sich in wichtigen Fragen von niemandem etwas sagen läßt – und als ehrerbietiger, zu sofortiger Korrektur der eigenen Meinung bereiter Zuhörer, sobald ein wichtiger Mensch spricht; usw. Diese unablässige Selbststilisierung garantiert zwar, bei allem Opportunismus, nicht den kleinsten wirklichen Erfolg; aber so ist sie auch gar nicht gemeint. Ihr Zweck liegt eben darin, dem Scheitern der eigenen Vorhaben und den Beschränkungen des eigenen Materialismus so zu begegnen, daß man selber vor sich den Respekt nicht verliert – also so, als könnte von Mißerfolg und Scheitern letztlich gar nicht die Rede sein. *So:* nicht in der Form resignativer Abdankung, sondern, sogar wo eine solche Attitüde *gewählt* wird, mit ungebrochenem Stolz auf sich selbst macht der Normalmensch im heutigen Kapitalismus sich seine Unterwerfung zur Gewohnheit. Im bewußten, methodischen, gewohnheitsmäßig verfestigten Umgang mit sämtlichen Schranken, die ihm in seinen Lebensumständen und in seinen verschiedenartigen Mitmenschen entgegentreten, legt er sich einen *Charakter* zu. Und mit all dem Selbstbewußtsein, mit dem er darauf pocht, daß es sich da wirklich ganz und gar um seinen *eigenen* Charakter handelt, macht er sich zum ganz freien und selbstverantwortlichen Affen der von Staat und Kapital gesetzten Notwendigkeiten, unter denen er sein Dasein hinbringt, und bringt mit all seiner freiwilligen Anstrengung nur das eine trostlose Kunststück zuwege, die Schranken seiner Existenz in eine ganz autonome eigene Beschränktheit zu verwandeln. Denn das inhaltslose und defensive, also rein negative Anliegen der Selbstbehauptung gibt nun ein-

mal keinen positiven Zweck her; und wo es unter so schönen Titeln wie „Anerkennung", „Bestätigung", „Selbstvertrauen", „Ich-Stärke" usw. *wie* ein positiver Zweck verfolgt und zum Lebensinhalt gemacht wird, da ist eben die Subsumtion des eigenen Daseins unter eine Handvoll Manieren, prinzipiell auf die eigene Wichtigkeit zu pochen, die notwendige Folge.

3.

Die bestimmten Anliegen, die ein bürgerlicher Charakter sich zu verfolgen vornimmt, sind seiner Methodologie der Selbstbehauptung sorgfältig *untergeordnet*. Ihr Inhalt zählt nicht als ein Zweck, in den einer seinen Willen und seinen Verstand hineinlegt, sondern als ganz persönliche Vorliebe, mit der man niemandem die seinen streitig machen will, die man dafür aber auch ohne Kritik konzediert haben möchte. Solche Vorlieben mögen zwar zu nervtötenden Spleens ausarten, entarten aber nie zu einem begründeten Zweck; und wo der Grund für eine anstrengende Beschäftigung offenkundig ist, wird ihn ein mit Charakter ausgestattetes Individuum nie mit dem *Zwang* (allein) benennen, dem es gehorcht. Einen persönlichen Vorzug will es sich allemal eingehandelt haben: Maurer sind gerne an der frischen Luft, Lehrern entspricht das lebendige Menschenmaterial am besten, und alle anderen entdecken auch irgendeine ihrem Charakter gemäße Eigenschaft ihres Erwerbs. Wichtig für das Individuum sind sodann seine freizeitlichen Vorlieben als Gelegenheiten, für sich und andere sinnfällig zu machen, wie sehr man „trotz allem" auf sich selbst zu achten versteht und welche Extravaganzen man sich dafür herausnimmt – und so werden sie auch behandelt in der freundschaftlichen Erörterung, ob nicht und inwiefern diese oder jene Albernheit für den, der sie übt, vielleicht besonders „wichtig" sei. In seinen freien Betätigungen ebenso wie in seinen erzwungenen verfolgt ein bürgerlicher Charakter also nicht einfach das, worauf es ihm ankommt, sondern das Ideal, in seinen Methoden der „Bemeisterung" seines Lebens wäre ein über die tatsächlichen Beschäftigungen weit hinausgehender höchstpersönlicher *Wert* enthalten, der den Kunststücken der Selbststilisierung Gewicht und Bedeutsamkeit verleiht. Vorstellungen über einen tieferen *„Sinn des Lebens"* sind jedem um einen gelungenen Charakter bemühten Zeitgenossen vertraut; und von dem braven Volk und Intellektuellenstand der 30-jährigen BRD hat dieser Wille zur eingebildeten Kompensation so vollständig Besitz ergriffen, daß sogar sein immanenter Gegensatz, der bürgerliche Nihilismus, ausgestorben ist – dafür ist das Christentum in Mode, und bereits halbwüchsige Kinder beherrschen den absurden und höchst charaktervollen Vorwurf an „die Amtskirche", sie kleidete ihre „Angebote" an die „sinnhungrige Jugend" leider in eine allzu „veraltete, unverständliche Sprache".

Die Ansprüche, mit denen ein moderner Charakterkopf der Welt gegenübertritt, ziehen sich also im Prinzip auf das eine allerwichtigste Anliegen zusammen: sie möge ihm schöne Gelegenheiten geben, die eigene, aus allerlei Manieren der Selbstbehauptung zusammengesetzte Persönlichkeit wirksam in Szene zu setzen. Seine gelegentliche Freude an der Welt – vom Genuß des Quantums an Sentimentalität, das man sich zugelegt hat, bis zu jenem glanzvollen Auftritt, bei dem man es irgendjemandem „ordentlich gegeben" hat – bemißt sich daraus ebenso wie seine Unzufriedenheit. Deren Grund und Maßstab sind nämlich eben nicht mehr die eigenen objektiven Zwecke, an deren Nicht-Erfüllung deutlich geworden wäre, wie wenig es in der wirklichen Welt auf die Zwecke der vielen Individuen ankommt. Im Gegenteil: das sind ja gerade die Anlässe, an denen das betroffene Individuum seine Charakterstärken ausbildet und unter Beweis stellt, indem es sein Scheitern zu einem Problem für seine formelle Selbstbehauptung erklärt, dem es dann auch gewachsen ist. Indem er das prinzipielle Vorurteil des bürgerlichen Verstandes über die Welt als Hindernis und bedrohliches Problem komplementär zu den eigenen Methoden, damit „fertig zu werden", ausmalt, kann noch der ärmste Wicht sich die Genugtuung verschaffen, die Welt schlecht und sich selbst als ihren fiktiven Maßstab gut aussehen zu lassen. Und findet er mit seinen Beschwerden über die Welt und seinem Lob der eigenen Mannhaftigkeit nicht die gewünschte Aufmerksamkeit, so stehen schon längst allgemein anerkannte Methoden zur Verfügung, um durch die Wiederholung desselben inhalts- und maßstabslosen Vorwurfs, die anderen ließen einen „nicht zur Geltung kommen", den Beweis dafür zu führen, daß man sich noch längst nicht hat „unterkriegen" lassen und im Grunde die böse Welt sich blamiert hat. Für einen bürgerlichen Charakter ist Unzufriedenheit also etwas sehr Produktives – einen Anlaß zum Dagegensein entdeckt er darin jedenfalls nicht so ohne weiteres.

4.

Die Gewohnheiten, welche bürgerliche Individuen zu ihrem Charakter ausbauen, beruhen nicht nur auf dem einmal gefaßten Entschluß, sich in einer durchaus als feindlich beurteilten Welt trotzdem zu bewähren; sie sind darüber hinaus Resultat der Erfahrung, daß ihnen dabei einiges mißlingt, mithin der Lüge, daß sie sich angesichts dieser Erfahrung umso härter und unerschütterlicher im Nehmen und Geben zu zeigen hätten, und daß die Äußerung solcher Stärke mehr zu Stolz auf sich selbst berechtige als der Erfolg, den man bei alledem ja nicht erzielt. Sie sind Gewohnheiten der *Verstellung,* berechnet auf den wirkungsvollen Anschein von Souveränität. Dabei ist die Berechnung nach dem Gesichtspunkt der Selbstdemonstration noch nicht einmal ein Geheimnis. Der Verdacht, daß niemand auf das moralische und nach Bestätigung heischende Getue baut, wird sogar offiziell gehandhabt; in extra Bekräftigungen des „tatsächlich" vertretenen Standpunkts – „mal ehrlich!", „im Ernst...!" – wird dem Ideal eines gediegenen Charakters, mit dem man reden kann, Rechnung getragen, weil es ansonsten als sträflicher Leichtsinn gilt, auf die vorgespielten Spuren von Charakterfestigkeit zu vertrauen. Nicht von ungefähr ist Verläßlichkeit zu einer besonderen Tugend geworden, zum Attribut eines gelungenen Charakters und somit auch wieder zum Ausgangspunkt mancher Enttäuschung, an der sich die Klage über die Falschheit der Mädchen auf der Welt stets erneuern kann. Denn daß der *Begriff des Charakters* in überhaupt nichts anderem liegt als in der *getrennt* von den Interessen, die man verfolgt, abgewickelten *Methode* der Selbstdarstellung, des aller Welt vorgeschwindelten Beweises der eigenen Integrität, Gerissenheit, Überlegenheit, Standhaftigkeit und aller anderen -itäten, -heiten und -keiten – *das* will nun doch niemand wahrhaben.

So selbstverständlich ist eben die Notwendigkeit akzeptiert – und zwar in allen Klassen und Nebenabteilungen der bürgerlichen Gesellschaft –, „sich gewachsen" zu zeigen und zur respektablen Persönlichkeit zu stilisieren, daß sie nicht kritisiert, sondern das mehr oder weniger gelungene Ergebnis begutachtet wird.

So kann sich jemand das aparte Kompliment verdienen, daß er „weiß, was er will" – aber nicht dadurch, daß er für seine Zwecke gute Gründe und für deren Realisierung den Begriff ihrer Bedingungen anzuführen wüßte. Mit dieser Floskel wird der Anschein gelobt, hier wäre jemand tatsächlich in jeder Situation Herr der Lage und von einer Zielstrebigkeit, die seinem Bemühen den erwünschten Erfolg (beinahe) garantiert, also ein Charakter, dem ganz umstandslos der vermutete Erfolg als seine besondere Stärke, nämlich als „Durchsetzungsfähigkeit", gutgeschrieben wird. Darum kann derselbe Anschein auch geradesogut zum entgegengesetzten Urteil führen: der von den einen als besonders „zielstrebig" bewunderte Mensch ist für die anderen „rücksichtslos", wo die einen jemanden „seinen Weg gehen" sehen, entdecken die anderen einen „skrupellosen Karrieristen".

Derart gegensätzliche Beurteilungen identischer Charaktere verdanken sich keineswegs unterschiedlichen moralischen Maßstäben der Urteilenden; im Gegenteil: es sind dieselben Kriterien, auf die Bewunderung wie Verurteilung sich berufen. Die Unterschiede liegen in den Maßstäben der Subsumtion des Einzelfalls; und die besitzt ein jeder in der Art und Weise, wie er sich selbst unter die Prinzipien der herrschenden Moral subsumiert hat. Wo ein jeder sich die Welt in Entsprechung zu den eigenen gewohnheitsmäßig praktizierten Lebensmaximen zurechtgelegt hat, da geht die Beurteilung des fremden Charakters ganz selbstverständlich unter demselben Gesichtspunkt in umgekehrter Wendung vor, inwieweit nämlich der andere seinerseits der Welt entspricht, so wie man sie sich zum höchstpersönlichen Problemfeld für einen starken Charakter ausgemalt hat. Und in diesem Kriterium müssen Willkür und Prinzipientreue sich treffen. Fleiß (Sparsamkeit ...) ist beispielsweise ohne Zweifel eine Tugend; ist fremder Fleiß aber von Erfolg gekrönt, den die eigenen Bemühungen nicht gebracht haben, so steht neben einiger Bewunderung auch deren kritische Umkehrung zu Gebote, wonach der Fleiß sich doch eigentlich erst bei ausbleibendem Erfolg als wahre Charakterstärke erweist, andernfalls dagegen ganz im Gegenteil auf einen berechnenden Charakter, einen Streber (Geizhals ...) schließen läßt. Demonstriert jemand Fleiß an einem Ort, wo man für sich selbst demonstrative Lässigkeit als Beweismittel für die Qualitäten der eigenen Person gewählt hat, steht der Vorwurf der Arschkriecherei an – was mit einem Aufruf, die Praxis berechnender Unterwerfung aufzukündigen, aber nichts zu tun hat. Wer solches tut, der mag zwar das Kompliment zu hören bekommen, man selber hätte sich das „nicht getraut"; mit größerer Wahrscheinlichkeit ist allerdings der Vorwurf fällig, er wolle in bedenklicher Sturheit „mit dem Kopf durch die Wand", setze sich frech über die normale Ordnung hinweg und komme sich wohl als „etwas Besseres" vor als die normalen „kleinen Leute", die an dieser Stelle eine andere, also „gesunde" Mischung aus Renitenz und Botmäßigkeit zu ihrem Lebensprinzip gemacht haben.

Das allgemeine Ideal eines „guten Charakters" ist folgerichtig die Albernheit vom „goldenen Mittelweg" – und wer diesen mit Nachdruck beschreitet, hat Aussichten, nicht zu den Menschen mit *„schlechtem Charakter"* gezählt zu werden, die angeblich gar nicht mehr anders können als nach festen Maximen Böses zu tun; vielleicht halten manche ihn auch für „ausgeglichen" und, wenn seine Harmlosigkeit außer Zweifel steht, fast alle für *„nett"*. Macht er mit seinem „Mittelweg" aber irgendwelche Ansprüche geltend, dann bekommt er mit Sicherheit den Vorwurf zu hören, er ließe es an einer Einrichtung seines Lebens fehlen, die ihn für andere berechenbar macht, und sei deswegen noch schlimmer als die schlechten Charaktere – bei denen man immerhin „weiß, woran man ist" –, nämlich *charakterlos.*

Den Charakterurteilen des bürgerlichen Verstandes Genüge zu tun, ist eben ein Ding der Unmöglichkeit. Denn in ihnen wird ja kein Urteil über die *Zwecke* gefällt, denen ein Mensch sich verschreibt, sondern mit Hilfe und unter Berufung auf allgemeine moralische Kriterien die Absicht kundgetan, einen anderen in seiner Manier, mit der Welt „klarzukommen", zu respektieren oder abzulehnen. Und in dieser Frage entscheidet ein charakter-

voller Mensch sich nach der ebenso prinzipienfesten wie zufälligen Einschätzung, ob der andere mit der höchstpersönlich konstruierten eigenen Vorstellung von und Stellung zu der nicht endenwollenden Problematik des Lebens zusammenstimmt oder die Frechheit besitzt, für gänzlich andere Gewichtungen und Maximen einzutreten und damit praktisch vorzuführen, daß er den „Lebensstil" des ersteren für untauglich befindet – das kann man niemandem durchgehen lassen.
Die Beliebigkeit, der Subjektivismus und der spezielle Opportunismus dieser wechselseitigen Einschätzungen ist natürlich überhaupt kein Hindernis, den lieben Mitmenschen unter die so entdeckten Charakter„merkmale" ganz und gar zu subsumieren und den jeweiligen charakterlichen Vorzug oder – häufiger – Mangel als dessen umumstößliches „Wesen" zu behaupten. Der logische Fehler, alles, was man an einem Menschen festzustellen beliebt, diesem als die Äußerung eines festen innerlichen „Prinzips" zuzuschreiben, das sein Tun und Lassen im festgestellten Sinn *determiniere,* ist hier jedermann geläufig und steht ganz im Dienste des Anliegens, dem eigenen Opportunismus im Umgang mit anderen das gute Gewissen und die praktische Wucht einer ganz objektiven, welt- und menschenkundigen Einsicht zu verleihen, womit die kritische Deutung der Welt sich vollendet. Bewunderung kann hier ernten, wer in der kürzesten Zeit das entschiedenste Urteil über einen Dritten präsentiert; aber auch die anderen brauchen sich nur darüber schlüssig zu werden, ob und welche Techniken der Selbstbehauptung dieser ihnen wohl abverlangt, und fertig ist die Diagnose des Charakters. Die unausbleiblichen „Mißverständnisse" sind von tragikomischer Qualität, eben weil im Charakterurteil anhand von Zufälligkeiten nach prinzipientreuer Willkür Grundsatzentscheidungen über Freundschaft und Feindschaft getroffen werden – ein unerschöpflicher Stoff nicht nur für die Literatur, sondern für die spezielle bürgerliche Lebenskunst, sich wechselseitig mit charaktervollen Gemeinheiten zu plagen, so als gäbe es der Plagen nicht ohnehin schon genug.

5.

Wo die Menschen in der Gewißheit, daß die Welt ihnen immerzu Schwierigkeiten bereitet, ihren ganzen Stolz ins selbstbewußte Mitmachen legen und sich so zur Charaktermaske ihrer Unterwerfung unter Ausbeutung und demokratische Herrschaft machen; wo sie einander beständig daraufhin kontrollieren, daß sie in ihrem Charakter die Garantie für Harmlosigkeit und bereitwilliges Mitmachen bieten; da sind die tatsächlich herrschenden Zwecke, die harten Realitäten kapitalistischer Ausbeutung und demokratischer Herrschaft, für einen jeden ziemlich vollständig unter seine private Phantasiewelt wohlgesonnener, harmloser und feindseliger Charaktere subsumiert. Die Meinung zu politischen Machenschaften aller Art geht ohne Rest auf in der Bekundung von Sympathie für oder Abneigung gegen die beteiligten Agenten der politischen Herrschaft, die in der jeweiligen Affäre, je nach dem, ihre Charakterstärken oder -mängel an den Tag legen. Nicht nur über das Nazi-Reich wird jede Absurdität geglaubt, wenn sie nur dazu angetan ist, die verheerenden Zielsetzungen nationaler Politik in die Stellung der Individuen dazu aufzulösen – logischerweise gibt es für den bürgerlichen Verstand stets vor allem einen großen Haufen charakterschwacher Naivlinge und eine Handvoll entschlossener Bösewichter, daneben Revoluzzer und Duckmäuser, „Gemäßigte" und „Extremisten", aber niemanden, bei dem es auf das politische Ziel inhaltlich ankäme. Wo die Realität der allgemein als non-plus-ultra aufgeklärter Welt- und Menschenkenntnis geltenden Charakter-Astrologie einmal allzu deutlich widerspricht, da ist ein fertiger Charakterkopf eher bereit, die störende Welt und ihre wohlgeordnete Absurdität vom Standpunkt des „gesunden Menschenverstandes" mit dem „Argument": „Das kann ich mir nicht vorstellen!" zu *leugnen,* als daß er seine Vorstellungswelt den tatsächlichen und eben nicht vom „gesunden Menschenverstand" erfundenen Zwecken von Staat und Kapital öffnet.

6.

Für die *Psychologen* ist der Charakter eine Angelegenheit, an der sie den ganzen Erfindungsreichtum ihrer Disziplin zum Einsatz bringen können – ein Erfindungsreichtum, der den charaktervollen Diagnosen der bürgerlichen Charaktere sehr entgegenkommt. Ja er wird als Bestätigung des geheuchelten Rätsels – „Warum *ist* der / bin ich bloß *so*?" – freudig begrüßt. Die Taxierung, die man von sich selbst praktiziert und an anderen vornimmt, erhält dabei aus der Wissenschaft *Gründe* geliefert, und was für welche! Einem *Psychoanalytiker* fällt sofort eine „chronische Veränderung" des *Ichs* ein, „die man als Verhärtung beschreiben möchte". Damit meint er, die Besichtigung verschiedener Charaktere mit Hilfe der Trieb- und Instanzenlehre vornehmen zu können. Was ein Charakter habendes Individuum *tut,* ist ihm gleichgültig, daher eine Frage des Grades und zuallererst nach guter psychologischer Sitte eine *Fähigkeit,* die sich äußert und – je nach dem, wie sehr – den qualitativen Unterschied zwischen „realitätstüchtigen" (der ideale Mittelweg des Psychologen!) und „neurotischen" Herrschaften ergibt:

„Der Grad der charakterlichen Beweglichkeit, die Fähigkeit, sich einer Situation entsprechend der Außenwelt zu öffnen oder sich gegen sie abzuschließen, macht den Unterschied zwischen realitätstüchtiger und neurotischer Charakterstruktur aus."

Und wie ist der „charakterliche Panzer" als „chronisches Ergebnis" entstanden? Selbstverständlich durch das „Aufeinanderprallen" von „Triebansprüchen und versagender Außenwelt", da der Mensch in einer gewichtigen Abteilung eben Trieb ist, die Welt ihn darin beschränkt, so daß das Ich, das er auch noch ist, „gerade jener Teil der Persönlichkeit, der an der Grenze zwischen dem bio-physiologisch Triebhaften und der Außenwelt liegt", die „Stätte (!) ist", an der sich der Charakter bildet. REICH hat es jedenfalls erkannt, daß er mit dem Charakter „Ausdruck und die Summe jener Einwirkungen der Außenwelt auf das Triebleben, die durch Häufung und qualitative Gleichartigkeit ein historisches Ganzes bildeten", vor sich hat. Das Ganze führt wie bei Altmeister FREUD geradezu in den ewigen Krieg zwischen Lust und Realität, der sehr sexuell beschaffen ist: „Die Charakterbildung setzt ein als eine bestimmte Form der Überwindung des Ödipuskomplexes." Schon Sigmund wußte, daß Neid, Eifersucht und körperliche Eitelkeit des Weibes aus dem Penisneid stammen; „etwa die Fähigkeit, einen intellektuellen Beruf auszuüben, läßt sich oft als eine sublimierte Abwandlung dieses verdrängten Wunsches (welches wohl?) erkennen." Erkannt ist da leider überhaupt nichts, ebensowenig wie bei der Deduktion von „Ordentlichkeit, Sparsamkeit und Eigensinn" aus der „Aufzehrung" und „andersartigen Verwendung der Analerotik" – dafür haben die charakterlichen Tugenden und Laster einen interessanten Grund zugesprochen erhalten: sie sind unbewußt, aber kontinuierlich vollzogener *Ersatz* für sexuelle Unternehmungen, zu denen das Subjekt eigentlich getrieben wird, die es sich in seiner bewußten Existenz aber versagt. Warum es ausgerechnet *diesen* Ersatz wählt und umgekehrt so unfrei ist, bei den verschiedensten, willentlich in Angriff genommenen Geschäften nicht diese zu vollführen, sondern seinen Trieben knechtisch zu gehorchen, sollten sich die Psychoanalytiker einmal fragen, wenn sie wieder einmal ein verkehrtes Buch schreiben und wer weiß was sublimieren, wenn sie Hervorhebungen machen und mit der Logik ebenso sparsam wie eigensinnig umgehen.

Die unter dem Firmenschild der *Persönlichkeitstheorie* antretenden Menschen machen es sich zwar einfacher, aber nichts richtiger. Ihnen hat es die Problematik angetan, der Persönlichkeit bzw. dem Charakter beizukommen; erstens wollen sie beides nicht recht unterscheiden können: „Weder die Fachterminologie noch die Alltagssprache unterscheiden mit hinlänglicher Schärfe zwischen den Begriffen ‚Persönlichkeit' und ‚Charakter'. Das zweite Wort ist jedoch weniger ausschließlich auf die Eigenart menschlicher Individuen bezogen, da gewisse Eigenschaften auch als ‚charakteristisch' für leblose Gegenstände bezeichnet werden können." Na ja. Zweitens zählen zwei Forscher „die folgenden Persönlichkeits*faktoren* auf: 1. Aktivität; 2. Selbstbeherrschung; 3. Durchsetzungsfähigkeit; 4. Geselligkeit; 5. emotionale Stabilität; 6. Sachlichkeit; 7. Freundlichkeit; 8. Introversion des Denkens; 9. Bereitschaft zur sozialen Zusammenarbeit; 10. Männlichkeit gegenüber Weiblichkeit." Das hat ebenfalls seine Vorteile: *daß* es sich hier um *„Faktoren"* der Persönlichkeit handeln soll, erspart sogleich jeglichen Gedanken darüber, *was* man da eigentlich für Bestimmungen der Persönlichkeit zusammenträgt, um Charaktere zu unterscheiden, und den Witz am Charakter ist man als wissenschaftlichen Gegenstand los. Dafür darf man die Frage aufwerfen, ob das alle oder genug Faktoren sind: „Dieses System scheint ebensowenig wie die anderen der Fülle der erlebbaren Persönlichkeitsunterschiede heute (!) noch wirklich Rechnung tragen zu können."

Da trifft es sich gut, daß es SKINNER gelungen ist, die Frage des Charakters, wie er bei FREUD vorgeführt wird, radikal zu hinterfragen. Ob es sich beim Charakter einer „Persönlichkeit" tatsächlich nicht bloß um *Verhalten* handle, gibt er zu bedenken! So weit und so verkehrt abstrakt gefragt! Weiterhin gewahrt er, gegen die Psychologie vor ihm, daß man es sich nur unnötig schwer mache, *ein* „Selbst" als „Reaktionssystem" für so *verschiedenes* Verhalten „anzusetzen":

„Ist die Umwelt, von der Verhalten eine Funktion ist," (schon wieder kein Subjekt in Sicht, das etwas weiß und will und tut – und sei es noch so verrückt!) „vom einen zum anderen Moment unbeständig, so besteht kein Grund, vom Verhalten Beständigkeit zu erwarten. Der fromme Kirchgänger vom Sonntag kann am Montag zum aggressiven und skrupellosen Geschäftsmann werden. Er verfügt über zwei Reaktionssysteme, die zwei verschiedenartigen Gruppen von Umständen angemessen sind..."

Ja wenn es „die Umwelt" ist, „die ihn am Sonntag in die Kirche und am Montag zur Arbeit führt", dann braucht man nicht einmal mehr einen Katalog von Merkmalen aus der wirklichen Welt der Charaktere, um eine psychologische Theorie über gar nicht vorhandene Subjekte zu präsentieren. So schön läßt sich in der modernen Wissenschaft ein Gegenstand, den man noch dazu ausgiebig zur Kenntnis nimmt und gern hat, zum Verschwinden bringen.

§ 10

Inhaltslos ist auch die *Selbstkritik*, die dem Bemühen der Selbstbehauptung auf dem Fuße folgt, und zwar aus gutem Grunde. Auch diese Veranstaltung führt nämlich zu keinem guten Ende, und das *Ausbleiben der Realitätstüchtigkeit* konstatiert so mancher in dem Urteil, er sei eben ein *Versager.*

Diesem sehr totalen Urteil ist anzumerken, daß die Betreffenden sich die Freiheit herausnehmen, von den realen Schranken für ihren Erfolg gänzlich abzusehen. Den *Liebhabern der Selbstbezichtigung* ist klar, daß sie nichts verkehrt machen, weil sie gar nicht anders können. Auch ist ihnen die Bescheidung auf eine wie immer begrenzte Sphäre vergangen, in der sie auf ihre Weise ihren Mann stehen und *Anerkennung* verdienen. Unbrauchbar erscheint ihnen auch der Trost, sauber geblieben zu sein. Ihre „Einsicht" lautet: ich *kann* mich nicht behaupten, mein Wille ist nicht in der Lage, dem Anspruch auf Rechtschaffenheit zu genügen. Unter Aufbietung des ganzen Verstandes schreitet das Individuum dazu, *Defekte* am eigenen Ich als „Erklärung" ins Feld zu führen — und für diese Defekte wird Anerkennung verlangt. Die Selbstverurteilung, die mit der Prätention des Wissens daherkommt, erhält Begründungen nachgereicht, die nur eines leisten: sie beseitigen den Stachel, der in der Konstatierung eigener Fehler immer noch liegt, den zu ihrer Behebung. Die Theorie ist eine der *Ohnmacht:* die *Besonderheit des beschädigten Ich* wird zur *Entschuldigung* dafür, daß man dessen nicht fähig sei, woran einem ganz viel liegt. Diese sehr freie Betrachtungsweise des eigenen Willens als defekter Identität, die lauter Hemmungen mit sich herumschleppt, hat in den psychologischen Rechtfertigungen des „Nichtrevoltierenkönnens" den Kampf gegen jede rationale Besprechung von Gründen für den Klassenkampf aufgenommen — und sie kommt auch sonst als neuer Typus von *Selbstsicherheit* daher. Als jedermann zugängliche Waffe im „zwischenmenschlichen" Verkehr taugt die Manier, sich selbst für bescheuert und verkorkst zu halten, zur Weckung von Aufmerksamkeit. So bringt man andere, die der Gunst des Mitleids und des psychologischen Denkens mächtig sind, dahin, daß sie einen als exquisiten Problemfall würdigen und mit ins Bett nehmen.

Am produktivsten wird die psychologische Heuchelei mit der ausgezeichneten beschädigten Psyche, wenn sich die „rationale"

Individualität *Hilfe* besorgt im Kampf gegen ihre schwer besieg-bare irrationale Seite. Angestrebt wird die friedliche Koexistenz zwischen der Liebe zu den eigenen „Problemen" und dem Wunsch nach Bewährung in der Welt der „Leistung". Psycholo-gen aller Schulen wissen diesen Auftrag zu schätzen, und in der Erfüllung des gesellschaftlichen Bedürfnisses nach *Betreuung* der Fehler, die der abstrakt freie Wille massenhaft vollbringt, ent-stehen Arbeitsplätze. Da wird *beraten* und der verkehrte Um-gang mit sich auf allerlei Veranstaltungen *geübt*, das Leiden an sich regelrecht *gepflegt*.

Recht offen wird von den professionellen Psychologen also ein-gestanden, daß für sie die „Defekte", welche bürgerliche Indivi-duen sich anerfinden, eine zur Menschen*natur* nun einmal zuge-hörige Sache sind, die einer geregelten fachmännischen Abwick-lung bedarf. Sie feiern sich als einen Zweig der *Lebens*hilfe, in-dem sie die *Techniken der Moral*, mit denen sich bürgerliche Charaktermasken *Anerkennung* verschaffen wollen, zum von ihnen durchschauten Geheimnis aller Taten erklären — und genießen mit dieser modernen Kammerdienerperspektive den guten Ruf einer allgemein beliebten Weltanschauung.

1.

Mit seinem Charakter demonstriert der rechtschaffene Mensch seine *Fähigkeit* zum Erfolg, seine individuelle *Methode,* durch die er den Widrigkeiten, die ihm aus Politik, Beruf und Privatleben entgegenschlagen, gewachsen ist. Er tut allen Ernstes so, als hätte er mit *sich selbst* das Mittel entdeckt, den Erfordernissen Anstand & Leistung zu genügen, als wäre mit einer speziellen Zurichtung seiner selbst die List gefunden, der Welt das Zugeständnis abzutrotzen, daß sie einen sein Glück machen läßt.
Insofern ist es nur konsequent, wenn die Charaktere aus der Erfahrung, daß ihre Fähigkeit ohne Erfolg bleibt, ihre Methoden nicht zum Ziel führen, nicht die widrigen Umstände bedenken, die ihnen das Leben schwer machen, sondern auf sich als Quelle mangelnden Geschicks verfallen. Wer sich auf die Pflege seiner *Tauglichkeit* getrennt von und zusätzlich zu dem, was er ständig tut und auf sich nimmt, verlegt hat, der macht eben auch *sich* für seine *Untauglichkeit* haftbar.
Dieses Eingeständnis ist freilich über die moralische Betrachtung der eigenen Person hinaus. Während im Schamgefühl und im schlechten Gewissen der Anspruch an sich selbst formuliert wird, anerkannten Kriterien von Güte und Leistung besser gerecht zu werden – also eine verkehrte Selbstkritik unternommen wird –, wird die schlechte Zensur, die sich die Charaktermaske ausstellt, zur *Entschuldigung.* Das negative Urteil gilt nicht dem eigenen Willen, sondern einer erfundenen Voraussetzung dieses Willens: diese Voraussetzung fehlt, lautet die Diagnose, und daher ist so gut wie alles vergeblich. Das moralische Verdikt, zu versagen, tritt in der Form eines Urteils über die charakterliche Eignung von sich selbst auf; der Mensch will einen unabhängig von seinem Willen *existenten Grund* entdeckt haben, der ihn an der Realisierung der Taten hindert, die er anstrebt – aber nicht in der bürgerlichen Gesellschaft und dem, was sie ihm aufherrscht, sondern an seinem Charakter. Daß man selbst der bitter notwendigen Fähigkeiten und Methoden entrate, die einen gescheiten Typ ausmachen, wird da verkündet; „Ich *bin* so!" lautet die nicht mehr auf Fehler und Schwächen in der Erfüllung akzeptierter Maßstäbe bezogene Selbstbezichtigung, und von wirklichen Mängeln in der zweckmäßigen Durchführung von Vorhaben, auf die man Wert legt, ist schon gar nicht mehr die Rede. So geht *Psychologie* als der bürgerlichen Individualität vertrautes Verfahren, den eigenen Verstand von der moralischen Belastung, die er in die Welt setzt, zur Fahndung nach „objektiven" Ursachen für das Versagen zu bringen – nach Ursachen, die der Überzeugung, man sei eine *Flasche,* das Odium der Beschuldigung nehmen. Jetzt *ist* man eine Flasche und muß zusehen, wie man seine *Defekte* handhabt, weil sonst der eigene

Wille zu nichts taugt – so man ihn überhaupt als vorhanden und wirksam annehmen kann.

2.

Der betrübte Schluß, daß man – so wie man nun einmal ist – nichts können kann, setzt die in den Charaktereigenschaften eingeschlagene Strategie der Selbstbehauptung durchaus fort. Wie die Methoden der Selbstdarstellung, die der Überzeugung anderer wie seiner selbst dienen, daß man seine Sache zu meistern weiß, leistet die *psychologische Technik* des Selbstmitleids ja einiges für die *Selbstsicherheit,* auch wenn diese durch die „Feststellung" eines bleibenden Schadens erschwindelt wird. *Mit* diesem Schaden zu leben, sich im Kampf *gegen* ihn zu bewähren, ist schließlich auch ein Programm, für dessen Schwierigkeit man sich selbst alle Achtung schuldet. Man „weiß" nämlich jetzt genau, daß man sich nicht zu schämen braucht, sondern un-verschämt an dem Schaden laborieren darf, für den man nun einmal nichts kann. Denn wenn man auch sonst vom bürgerlichen Getriebe nichts *wissen* will, weil man darauf aus ist, sich in ihm zurechtzufinden, unter dem Titel „Umwelt" und „Erziehung" macht man die „Verhältnisse" schon verantwortlich. Nämlich für die Defekte, an denen man zaust: man zählt sich als *beschädigtes Ich* zu den wehrlosen Opfern und wähnt sich sogar als Gesellschaftskritiker, wenn sich einem Kapital und Staat in lauter repressive, manipulative, ich-zerstörende „Repression" verwandeln, die allen Menschen guten Willens das Rückgrat brechen, was den guten Willen um seine Wirkungen bringt. Da behaupten erwachsene Menschen ohne einen *inhaltlichen* Einwand gegen die Lehren ihrer Eltern und Lehrer, also möglichst ganz ohne sich auch nur dem Anschein nach *anderer* Auffassungen zu rühmen, sie seien von Kind auf *fremdbestimmt* worden und hätten daher ihre Charakterschäden bezogen. Dieselben Leute, die ihr mangelhaftes „Selbstbewußtsein" – *das* Ideal eines psychologisierenden Bürgers ist eben der brauchbare und sich behauptende und anerkannte Mensch – beklagen und nach „Ich-Stärke" seufzen, halten sich *zugute,* daß sie bemerkt haben, wie die Welt sie zu Anpassern erniedrigt! In linken Kreisen ist die Korrektur von Marx durch Freud dermaßen eingeschlagen, daß sich studierte Menschen bei unternehmungslustigen Organisationen, denen sie „in vielem" recht geben, „vorläufig" entschuldigen, weil sie zunächst mit sich selbst befaßt seien, natürlich um der Herstellung ihrer Aktions*fähigkeit* willen. Dabei hören sie keineswegs zu „handeln" auf, sondern widmen sich samt ihren psychologischen Selbstbeurteilungen einerseits dem, was alle anderen auch machen – den Notwendigkeiten ihrer Ausbildung und Arbeit sowie ihren Vergnügungen –, andererseits bringen sie Zeit und Kraft für Veranstaltungen auf, die exklusiv der Pflege ihres ohnmächtigen Ich gewidmet sind.

3.

Die gewöhnlichen Verrichtungen des bürgerlichen Lebens werden von den Leuten, die ihre *Individualität als Problem* entdeckt haben, zwar nicht besser oder schlechter als von den wenigen verrichtet, die einfach ihrer rechtschaffenen Wege gehen (aus den Ratgeberseiten der Illustrierten geht hervor, daß inzwischen Kinder, Hausfrauen und Schwiegermütter aus allen Kreisen ihre Charaktermängel und -stärken gewieft breittreten). Immerhin erledigen sie aber ihr bürgerliches Pensum mit der Überzeugung, es ginge immerzu um etwas ganz anderes – nämlich um sie, um die Verhinderung oder Beförderung ihres persönlichen Fortschritts von einem des „Selbstvertrauen" baren Subjekt hin zu einem, das sich „findet" und überall „einbringt".

Selbst die große *Politik,* in der es um die per Herrschaft zu erwirkende Brauchbarkeit der Menschheit geht, kann sich der Beurteilung und Teilnahme von Selbstbestimmungsbürgern nicht entziehen – und ihre Macher haben sich längst darauf eingestellt, die psychologischen Bedürfnisse von Leuten zu berücksichtigen, die materielle Ansprüche gar nicht mehr anmelden. Da wird allen Ernstes die „Kritik" am politischen Geschäft der staatstragenden Parteien angemeldet, man fühle sich bei ihnen nicht recht aufgehoben. Das macht die Wahl des kleineren Übels angenehm, weil sie sich so schön nach den Kriterien des persönlichen Vertrauens entscheiden läßt, nach dem *Bild,* das gewisse Persönlichkeiten von sich herstellen, so daß man nicht mehr der Staatsgewalt seinen Segen erteilt, sondern eine Persönlichkeit unterstützt, die dem eigenen Ideal vom guten Landesvater am nächsten kommt. Aus dem Bedürfnis heraus, in respektierter Weise „aktiv" zu sein, statt „passiv" immer nur „unbeteiligt betroffen" zu sein – also aus der eigenwilligen „Kritik" heraus, Politik hätte doch für den Menschen da zu sein, dürfe sich nicht kilometerweit vom Bürger entfernen, bedürfe also auch seines Engagements, auf daß seine Kritik am Schluß ebenso glaubwürdig sei wie der Staat etc. –, aufgrund *solcher* Zielsetzungen entschließen sich erwachsene Menschen für und dann auch wieder gegen das Mittun in einer SPD-Ortsgruppe, bei den Grünen oder sonst einer Initiative. Worauf es dem jeweiligen Haufen ankommt, ist eine lässig zu vernachlässigende Größe für Leute, die meinen, im Interesse ihrer Selbstachtung „etwas tun" zu müssen; den Sponti-Bürgern ist ein irgendwie oppositionell auftretender Verein dann eine Heimat, wenn ihnen eine Diskussion über begründete Ziele erspart und die andere, die über ihr „Selbstverständnis",

gestattet wird: die internen Verkehrsformen, die „autoritären" und „demokratischen" Strukturen, das Hin und Her über *bloße* Theorie und echte Praxis, die „Spaß macht", werden zur bevorzugten Beschäftigung.
Da meldet sich dann mancher zu Wort, um zu sagen, wie schwer ihm das Diskutieren fällt, daß er es aber können möchte so wie ein anderer, der ihn *damit* auch schon unterdrückt. Währenddessen diskutiert er schon ganz munter, freilich nicht über die Welt und die in ihr gemachte oder zu machende Politik, sondern *über sich.* Eine Leistung ist eben der psychologischen Kunst der Selbstbehauptung nicht abzusprechen: sie ist ein Akt der Emanzipation – von der Realität des bürgerlichen Lebens, dem man die Freiheit ablauscht, sich beim Mitmachen ausschließlich um sich selbst zu kümmern.
Im *Arbeitsleben* geht es einem seiner Individualität verpflichteten Subjekt um die konsequente Belebung der kindischen Illusionen, die angelegentlich der Berufswahl gehegt werden: um eine dem eigenen Naturell angemessene Tätigkeit, eine furchtbar schöpferische, die das eigene Ich aus- und erfüllt sowie aus dem Karrierchen einen Weg der Selbstfindung werden läßt. Das „Gefühl, *sozial anerkannt* zu sein", wiegt mindestens so schwer wie Lohn und Last; und falls einer arbeitslos ist, fehlt ihm mit dem *Sinn* gleich die Lust am Leben. Alles „Soziale" ist besser als die toten Gewerbe, die so wenig *motivieren.* Die harte Sache mit der Konkurrenz, der man ausgesetzt ist, verflüchtigt sich dem psychologischen Blick auf den beruflichen Alltag in die zutiefst menschliche Aufgabe, *sich selbst* gerecht zu werden – und die ganze Wucht dieser Selbstgerechtigkeit trifft Kollegen, Untergebene und Vorgesetzte: Alles, was sie tun oder lassen, wird der gehässig vermuteten Zielsetzung zugeschlagen, das alles würden sie aus reinem „Geltungsbedürfnis" vollführen. „Krampfhaft" sind sie auf die Bestätigung ihrer Eitelkeit aus, machen einem deshalb das Leben schwer, und Solidarität ist denen ein Fremdwort. So funktioniert die Konkurrenz prächtig mit Hilfe des psychologischen „Egoismus", der erstens kein Materialismus ist und zweitens die Ideale der Konkurrenz als Charaktereigenschaften handelt. Der Eindruck, daß es mit der Einstellung der anderen nicht weit her ist, weswegen die Selbstverwirklichungsvorhaben ständig scheitern, darf dann getrost aus der Erfahrung am Arbeitsplatz mit nach Hause genommen werden.
Dort, im *Privatleben,* kommt das Programm, die Probleme der eigenen Person zu lösen, voll in Gang. Was in politischen und beruflichen Angelegenheiten immer noch stört – daß es eben um die von *anderen* erzwungene und „leider" nicht zu vermeidende Unterwerfung des Menschen geht; immerzu die peinliche Erinnerung daran, daß es dem Individuum verwehrt ist, auf seine Kosten zu kommen –, kann das mit der Überwindung *seiner*

Schranken befaßte Ich hier getrost vergessen. Es befindet sich in der Welt seiner ganz persönlichen Anliegen und verschreibt sich ganz der Sorge, wie es *aus sich* ein glücks-, liebes-, kommunikations-, lust- und genuß*fähiges* Subjekt verfertigt. Denn soviel ist einem charaktervollen und dabei ständig enttäuschten Glückssucher, der die Welt zur *Um-Welt* seiner Selbst-Befriedigung verfabelt, klar: Wenn es hier nicht läuft, wo nur *er* gefragt ist mit seinen Bedürfnissen und Träumen, dann ist ganz sicher nur er allein zuständig für die matten Resultate – womit er nicht *seinen Willen* meint, sondern sein *Vermögen.* Fragen über Fragen stürzen über ihn herein: Warum kann ich niemanden glücklich machen? Und umgekehrt: Warum traue ich mir zuwenig zu? Warum habe ich Angst? Bin ich verklemmt? Versteht mich denn keiner? Wieso kann ich nicht jeden Tag zweimal? Wo bleibt denn dein Orgasmus? Was ist an mir faul? usw.

Mit Fragen dieses Kalibers schlagen sich – und das ist kein Wunder – die an sich selbst leidenden Persönlichkeiten *sehr gerne* herum. Denn solche Fragen sind Antworten, und die machen das von seinen Ängsten und Verkorkstheiten *verunsicherte* Individuum sehr *selbstsicher.* Wer so räsonniert, hat sich immerhin zum einzigen Gegenstand seiner theoretischen wie praktischen Bemühungen erkoren, und seine gesamte Einstellung zur Welt will er in die „Lösung seiner Probleme" gelegt wissen. *Darüber* muß diskutiert und darauf muß eingegangen werden. Der andere soll sich bewußt sein, was für einen komplizierten Charakter er da vor sich hat, und er soll sich gefälligst klar machen, welche speziellen Rücksichten deswegen fällig sind. So einfach geht die Verwandlung einer Selbstbezichtigung, die Beschwörung eigener Defekte in einen Anspruch, *mit* und wegen der lädierten Charakternatur anerkannt, verstanden und unsäglich geliebt und betreut zu werden. Und wenn die geforderte *Anerkennung* ausbleibt, darf mit der Verdammung des eigenen Unvermögens getrost der Auftakt zu einer Offenbarung der Störungen des anderen gemacht werden, der seine Komplexe „verdrängt" und „verschiebt", eigentlich immerzu sein verkorkstes Sensorium verleugnet. Dann wird aus dem geständnisfreudigen Psycho, der jede Lüge über sich als seine Natur gewürdigt wissen will und diese seiner Erziehung in die Schuhe schiebt, noch ein Vorbild an „Ehrlichkeit" und „Selbsterkenntnis", ein Mensch, der sich selbst nichts vormacht und um die Beseitigung seiner Schwächen ringt. Das gibt schöne Stunden der Aussprache, in denen die volle Würdigung von zerbrechlichen Identitäten vollzogen wird. Und wenn die Beteiligten in regelmäßigen Abständen die Schnauze voll haben von den psychologischen Experimentierveranstaltungen, weil sie als *Methode* des „Sich-Verstehens" den erwünschten Liebesdienst gar nicht zustandebringen, so darf das so versaute Privatleben als eine äußerst schwierige Angelegenheit gefeiert werden, die

„isoliert" gar nicht zu bemeistern ist, sondern höchstens durch „politische Aktivität". Die sieht dann auch entsprechend aus, wenn sie als *Kompensation* für den häuslichen Quatsch „in der Gruppe" stattfindet – ein Luxus, den sich ganz gewiß nicht alle leisten!

4.

Ob als Politikum demonstriert oder nicht: die Sonderveranstaltungen zur Sanierung der eigenen Defekte, das Gruppengetue von Leuten, die sich zusätzlich zu ihren Pflichten den Genuß verschaffen wollen, in die vermeintlichen Abgründe des eigenen Ich zu blicken und *sich* „zu emanzipieren", während auf der Welt alles seinen geregelten kapitalistischen Gang geht, haben es in sich. Sie gelten dem äußerst positiven Zweck, all die Dinge zu üben und zu vollbringen, die gemäß dem miserablen Zeugnis, das man seinem Charakter ausstellt, immerzu nicht gelingen. Das muntere Treiben, das da anhebt, ist deswegen *pure Methode* – getrennt vom wirklichen Leben, in dem man sich für einen Versager erachtet.
Um *diskutieren* zu lernen – was man können will, um sich Anerkennung und darüber wieder Selbstachtung zu verschaffen –, übt man diskutieren, indem man sich dem Zwang einer *Selbsterfahrungs*gruppe unterwirft, wo erst einmal jeder ganz viel über seine Gefühle und enttäuschenden Begegnungen erzählen darf: Da lernt er sich einiges trauen, fängt jeden Satz mit „ich finde" an, darf sich freuen, ihn herausgestottert zu haben, und furchtbar gespannt den analogen Versuchen der anderen Teilnehmer beiwohnen, die das Ihre finden. Bis in die wissenschaftliche Ausbildung hinein ist dergleichen Usus geworden, so daß vor jeder Befassung mit einem Gegenstand die Teilnehmer von Seminaren einander mit Offenbarungseiden der peinlichsten Art traktieren. Da gibt es Gruppenspiele, in denen das Publikum andere dabei überwacht, dogmatische Ausdrücke zu vermeiden, worunter alle modalen Ausdrücke verstanden werden, die irgendetwas an Notwendigkeit des Gedankens signalisieren; ganz als ob eine logische Verknüpfung einem anderen Menschen die Ehre raube, in seiner heiligen Individualität respektiert zu werden. *Anerkennung bedingungslos* und ohne den herzlosen Weg des Urteils wird *gespielt* und sich gefühlsmäßig versichert, was so geht: Einander völlig unbekannte Teilnehmer der Selbsterfahrungsmannschaft befummeln einander, lassen es sich bis zu Tränenausbrüchen anmerken, wie schwer ihnen dies fällt – und vom begutachtenden Psychotechniker bestätigen, wie sehr sie offensichtlich „noch" in völlig unbegründeten Hemmungen verkrustet sind! In Übungen dieser Sorte, wo erwachsene Menschen ihre *sensitivity* trainieren, wird aus der gefühlsmäßigen Zuneigung zu anderen ein Tagesbefehl, dem nur der gerecht wird, der solange an sich herumdoktert, bis er sich von seinen „Hemmungen" freigemacht

hat. Das Absolvieren der einschlägigen Rituale heißt zurecht *Erlernen von Fähigkeiten* – und hinterher gehen die Techniker des grund- und inhaltslosen Verständnisses entsprechend auf ihre Mitmenschen los, auf daß sie ohne den Anschein eines Kriteriums dasselbe „Eingehen" fordern können.

5.

Im Gang zur individuellen psychologischen Betreuung, den manch einer ganz allein absolviert, auf daß der Spezialität seines Problems Genüge getan werde, entspricht das psychologische Selbsthilfeprogramm seinem Begriff. Schließlich ist es ja ein nicht zu übersehender Widerspruch, wenn jemand sich selbst recht dauerhaft zum Krisenfall erklärt und zugleich den Krisenmanager spielen will. Da ist es schon besser, sich in die Obhut eines fremden Menschen zu begeben, wo man selbst der „Fall" ist und der andere der Fachmann für Probleme der scheiternden Individualität. Der läßt sich auch gar nicht erst durch die Umstände, in die man gestellt ist und in denen man immer wieder auf die eigenen Unzulänglichkeiten gestoßen sein möchte, irritieren. Die sind für ihn die „Realität", und somit kann er sich ganz auf das beschädigte „Ich" konzentrieren, das ihn konsultiert. Er verlegt sich vollständig auf die *Deutung der Defekte,* die ihm zu Ohren gebracht werden, sieht also auf den ersten Blick, *daß* da ein Charakterleiden vorliegt; und auf den zweiten Blick entdeckt er die Beschaffenheit des Leidens, die sein Inhaber nicht so genau zu ermitteln vermochte. Er hilft dem Patienten also bei der „Identifikation" der Schwächen, die dieser sich zur Last legt.

Wie diese „Identifizierung" vonstatten geht, darf als gelungener Beleg dafür gelten, daß die Psychologie eine *„gesellschaftlich nützliche"* Wissenschaft ist – allerdings auch als ein Hinweis darauf, daß die Nützlichkeit einer Sache in der Klassengesellschaft, auch wenn sie mit dem soziologischen Generalkompliment „gesellschaftlich" verziert wird, nichts Begrüßenswertes darstellt. Die Ergebnisse einer analytischen Behandlung – von deren „Erfolg" der Therapeut von Anfang an behauptet, daß er in seinen Händen bzw. Worten nicht liege – bestehen nämlich darin, daß die Selbstbezichtigung, die Unfähigkeitserklärung des Patienten, wie schwerwiegend oder geringfügig sie auch sein mag, sehr ernst genommen wird. Aber nicht als das, was sie *ist,* sondern als ein reales Manko des Analysanden mit einer Herkunft, die er sich einerseits nur und andererseits nicht einmal im Traum eingesteht. Der Psychologe entdeckt *Gründe* für das notorische Versagen seines Klienten, die diesem nur allzugut in den Kram passen, weil die sich allesamt in seiner „Lebensgeschichte" finden lassen, ihn also nicht eines idiotischen Umgangs mit seinen Rechten und Pflichten beschuldigen, sondern ihn dafür *ent*schuldigen, daß er so bescheuert durch die Welt tigert. Er wird als *Opfer* respektiert – von ihm aufgezwungenen falschen Bewältigungen kindlicher Grenzsituationen im Spannungsfeld von Ich und Mutter, Vater und Lust, Realität und Ödipus etc. –, das sehr folgerichtig und ganz ohne eigenes Zutun an *Konflikten* laboriert, die garantiert nicht die *seinen* sind. Dem Patienten wird schlicht und einfach zugute gehalten, daß er die *Hinterwelt* seiner Selbstzweifel nicht kennen kann – und das Verzeichnis der Traumsymbole bei Freud gibt Auskunft darüber, wie diese geheimnisvolle, dem Psychoanalytiker bekannte Welt aussieht.

Natürlich besteht die Psychologie aus mehreren Schulen, wie es sich für eine bürgerliche Wissenschaft gehört. Doch der gemeine Rat der klassischen Psychoanalyse, *an sich* einen Ausgleich zwischen dem, was geht, und dem, was nicht geht, vorzunehmen, den Mittelweg einzuschlagen zwischen dem, was dem Selbstgefühl abträglich ist, und dem für es Notwendigen, überhaupt: weder unter noch über seine charakterlichen Verhältnisse zu leben, dieser Rat erfolgt noch jedesmal – und er fungiert auch, im Indikativ, als *Theorie* über die seelischen Gebrechen der Leute. Immer hat irgendein Gleichgewicht, eine Einheit an der Persönlichkeit nicht funktioniert.

Nützlich macht sich die Psychologie ganz einfach darin, daß sie einem gesellschaftlichen Bedürfnis entgegenkommt. Sie betätigt sich als *Anwalt* des moralischen Subjekts, das sich als mehr oder minder geeignet für die Aufgabe lohnenden Wohlverhaltens betrachtet; sie ist damit sehr parteilich: für die Fehler des zur Unterwerfung unter die Zwänge der bürgerlichen Gesellschaft *bereiten* Individuums tritt sie ebenso beratend in Aktion, wie sie ihm Anleitung verheißt, wenn es sich daran macht, ausschließlich auf die „Erlernung" dieser Bereitschaft seinen Verstand zu verwenden. Eine wissenschaftliche Disziplin verpflichtet sich da umstandslos auf einen *Standpunkt*, der durch seine bloße Existenz in der Gesellschaft, welche sich den Luxus einer separat von ihr betriebenen theoretischen Beschau der Welt leistet, einer Wissenschaft zum Leitfaden gereicht – sie dankt dem Staat für die Mittel ihres Unterhalts, indem sie zu Problemen *des* Menschen erklärt, was brave bürgerliche Subjekte sich antun, weil und solange sie den Erfordernissen ihrer Herrschaft willfahren wollen. Die Psychologen sind sich auch nicht zu blöd, ihre Lehre als allgemeingültige Lehre des Zeitalters zu offerieren und das quidproquo des bürgerlichen Verstandes, der den Winkelzügen moralischen Denkens folgt, für die Erklärung des staatlichen, ökonomischen und privaten Geschehens selbst auszugeben. Als moderne *Weltanschauung* präsentieren sie die *Kammerdienerperspektive* für alles und jedermann, die Deutung jedweden Geschehens vermittels ihres Passepartout, der individuellen *Motivation,* die so ungemein interessante Blicke durchs seelische Schlüsselloch hinter die Kulissen des Führerhauptquartiers wie des nachbarlichen Wohnzimmers gestattet.

Und dazu benötigt diese Wissenschaft nur die Befolgung weniger Grundregeln, die sie nicht nur den Verstandesleistungen bürgerlicher Charaktere „entlehnt" hat; diese Regeln kennzeichnen sie als die theoretische Imitation des praktischen Opportunismus, den sie als ihren Gegenstand weder missen noch begreifen will.

Denn das erste Prinzip psychologischen Denkens und Deutens besteht darin, seinen Gegenstand jeder Erklärung zu *entziehen.* Das bürgerliche Subjekt würde kein Psychologe als seinen Gegenstand bezeichnen, obgleich er von nichts anderem handelt und seine Beispiele bezieht als von moralischen Individuen, die sich dem Ideal des Zurechtkommens in der verrückten, häufigen, daher auch „normalen" Form verpflichtet haben, mit sich zufrieden sein zu dürfen. Psychologen besprechen den Zweck der Selbstbehauptung, -verwirklichung, -findung usw. als das selbstverständliche Anliegen eines jeden *Menschen;* und die Inhaltslosigkeit solcher alles erschlagenden Motive, die nicht einmal einen Psychologieprofessor zu seinen Vorlesungen bewegen, treibt den Seelenfachmann nicht etwa zur Frage danach, warum Leute solche Motive von sich behaupten, sondern höchstens zu einem Blick ins Tierreich, wo irgendwie alles so ähnlich ist. Wie Selbstbehauptung am besten geht, *das* fragt sich ein Psychologe. Und damit will er seine Theorie ganz in den Dienst des fiktiven Gegenstandes, des Menschen, gestellt haben. Seine Wissenschaft soll die Welt als Handreichung für ein funktionierendes Seelenleben verstehen.

Diese Handreichung ohne Wissen ist freilich erstens keine, dafür zweitens aber auch nicht uneigennützig. Immerhin beansprucht die Psychologie mit ihrem Angebot nichts geringeres als, daß *sie* die eigentlichen Probleme sämtlicher Individuen nicht nur entdeckt hätte, sondern auch zu ihrer sachgerechten Abwicklung unverzichtbar wäre. Ihre parasitäre Stellung zu den Fehlern bürgerlicher Charaktermasken, mit der sie sich ihren Gegenstand „konstituiert", dient ihr zum Beweis dafür, daß es auf ihre Aussagen, Ratschläge und therapeutischen Anstrengungen furchtbar ankäme. Weil sich bürgerliche Individuen auf den Kampf mit sich selbst einlassen, wenn sie sich dem Ideal der Rechtschaffenheit verschreiben, feiert sich die Psychologie als unabdingbares Werkzeug eines gelungenen Seelenlebens. Das macht ihren Instrumentalismus aus und ist das Prinzip ihrer – wahrlich über den Klassen stehenden – Parteilichkeit.

So wenig also diese Wissenschaft irgendeine der Praktiken eines modernen moralischen Seelenlebens erklärt, so wenig bleibt andererseits irgendein Gegenstand des Weltgeschehens, und sei er von den Techniken des Herumdokterns am eigenen Charakter noch so weit entfernt, von ihren Deutungen verschont. Bei aller Relativierung ihrer speziellen Befunde maßt sie sich ziemlich unbescheiden die theoretische Zuständigkeit an, Entscheidendes über Gründe und Zwecke von Kapital und Arbeit, Staat und Revolution, Ehe und Familie, Dichtung und Wahrheit, Gott und die Welt zu vermelden. So wie Freud seine sehr bestimmten und über 70 Jahre hin beliebten Auffassungen über Krieg und Liebe zum Besten gegeben hat – natürlich im Rahmen seiner Instanzenlehre; so wie Skinner sehr bestimmte, aber verkehrte Prinzipien über Staat und Religion aufgestellt hat – natürlich im Rahmen seiner Lehre der konditionierten Reflexe, des operanten Verhaltens usw.; so erdreisten sich heute alle an Universität und Rundfunk beheimateten Psychologen, kleine Exkursionen auf das Gebiet der Gesellschafts- und Erkenntnistheorie, was für sie ohnehin dasselbe ist, zu unternehmen – natürlich ganz im Rahmen einer Theorie von Wahrnehmung und Bewußtsein und ihrer daraus abgeleiteten Suche nach dem eigentlichen Gegenstand der Psychologie.

Zum Schluß noch ein materialistisches psychologisches Urteil. Professionelle Psychologen wie Amateure dieser Disziplin sind zynisch genug, jedem, der ihre Perspektive nicht teilt, vorzuwerfen, er hätte erstens im Grunde keine Ahnung, kümmerte sich zweitens nicht um die leidende Menschheit und wäre deswegen selber ganz verkorkst. Dies fällt unter die Unverschämtheit des demokratisch-wissenschaftlichen Knechtsbewußtseins.

§ 11

Sowohl der Standpunkt der Selbstbehauptung wie der einer ziemlich grundsätzlichen Selbstbezichtigung läßt sich praktizieren, ohne daß die Akteure dem bürgerlichen Betrieb verloren gehen. Mit der Angst, sie würden „es nicht mehr schaffen", leben jede Menge Individuen jahrelang vor sich hin *und* bleiben als Hausfrau, Gatte, Sekretärin, Facharbeiter und Sänger *brauchbar*. Und jene, die sich in einer neurotischen Einbildung nebst therapeutischer Betreuung eingerichtet haben, fallen auch nicht unbedingt auf, sondern höchstens ihrer engeren Umgebung auf die Nerven.

Ernst wird es allerdings dann, wenn der freie Wille Ernst macht mit seinem „Problem", wenn das Individuum aus der *Selbstbehauptung* sein Lebensprogramm macht und sich *beweist*, daß es rücksichtslos genug ist, seine bedrohten Interessen durchzusetzen. Dann wird aus der Angeberei die praktische Vorführung der Überlegenheit und Stärke, wo immer sich das machen läßt; emanzipiert vom *Inhalt* eines Interesses, von der Befriedigung eines Bedürfnisses, setzen sich *Psychopathen* aller Größenordnungen den Zweck, auf ihre Kosten zu kommen; und sie entscheiden äußerst *willentlich*, auf welchen Gebieten sie ihren *Wahn* ausleben.

Ebenso willkürlich sind die Einfälle, die dem Individuum kommen, wenn es seiner *Selbstverurteilung* leben will. Es sucht an sich „Gründe" für sein „Versagertum", bemüht also seinen Verstand zu dem Beweis, daß es gar nicht anders kann. Und diesen Beweis läßt ein *Neurotiker* nur als speziellen Defekt gelten, der ihn *tatsächlich* an allen möglichen Verrichtungen hindert: er durchlebt seine Erfindung bis in die somatischen Effekte. Neurotiker können auf eine ebenso stolze Bilanz von Leiden verweisen wie die vom „Zwang" zur Selbstbestätigung heimgesuchten Brüder und Schwestern von der anderen Abteilung. Warum sollte auch ein „Minderwertigkeitskomplex" weniger produktive Varianten entwickeln als ein „Größenwahn"?

Die offizielle Psychologie vermag mit diesen „Verhaltensweisen" einiges anzufangen. Mit dem geheuchelten medizinischen Ethos ihrer Begründer nimmt sie sich der Fälle an, nennt die Leute „krank" und beteiligt sich theoretisch an der Interpretation, die die Patienten von sich anbieten, um dann zur Praxis zu schreiten: dem Verstand des Klienten, der in den Deutungsversuchen noch allemal die *Anerkennung seiner Defekte* wahrnimmt, die schulmäßige Einschätzung der Sache beizubiegen. Die Übernahme dieser Version gilt dann als „Erfolg", wenn sich die Verrückten ihrer so bedienen, daß sie sich — wie begrenzt auch immer — wenigstens wieder mit zwei oder drei anderen Sachen neben ihrem Leiden befassen, wenn sie ihr Leiden pflegen. Solche Heilerfolge vermelden die Propagandisten dieser Wissenschaft en masse, andererseits geben die Irrenhäuser andere Auskünfte und greifen zu banaleren Methoden — so daß sich aus den Reihen der so human gesinnten Freunde der „intakten" bürgerlichen Seele schon seit geraumer Zeit Protest meldet.

So wenig die Psychologie, selbst mit ihrer Fortentwicklung zur Psychiatrie, auch zur Medizin der „seelischen Krankheiten" geworden ist — das könnte sie nicht einmal dann, wenn ihr die Wahrheit der „Geisteskrankheiten" geläufig wäre —, in den psychiatrischen Kliniken ist der Zunft die institutionelle Genehmigung erteilt, sich als ein für diese Gesellschaft unverzichtbarer Zweig des Gesundheitswesens zu wissen.

1.

Der methodische Umgang mit der eigenen Persönlichkeit, der dauernde Versuch, aus sich eine respektable Charaktermaske zu formen, eben die heutzutage sehr üblichen und honorigen Programme der Selbstbehauptung und -verurteilung stellen manchen solchen Lebenskünstler vor Probleme. Auf der einen Seite gelten die einschlägigen Anstrengungen durchaus dem *Erfolg* in der bürgerlichen Welt, auf der anderen Seite verschafft sich durch psychologische Praktiken niemand *objektive* Mittel der Durchsetzung. Befaßt wird sich ja ausschließlich mit den vermeintlichen Mängeln der eigenen Subjektivität, ganz so als ob es nur an dieser „Bedingung" läge, daß ein Individuum im „Lebenskampf" gewinnt oder verliert. Der Erfolg, um den es ihm zu tun ist, hat also in der Hinwendung zu sich selbst einen anderen Inhalt bekommen: auf *anständige* Weise sein Glück zu machen, fällt für ein Subjekt, das den defensiven Idealismus seiner Besonderheit als Mittel und Schranke kultiviert, ganz mit dem Gewinn von *Anerkennung* zusammen, die es sich verschafft; und an die Stelle der *Leistung,* die es als moralischer Bürger nach wie vor für den Hebel seines Fortkommens hält, setzt es das Ideal der Brauch*barkeit,* die es an sich herstellen möchte.

Sowohl aus der Bemühung, sich als Figur mit ganz besonderen Eigenarten und Fertigkeiten in Szene zu setzen, als auch durch die Kunst, ziemlich besondere Mängel unter Beweis zu stellen, erfährt das Arsenal bürgerlicher Charaktere manch seltsame Bereicherung. Ersterer Abteilung verdankt die Menschheit jene Garnitur öffentlich anerkannter Psychopathen, die als Leistungssportler das Personal für Teile des Kulturbetriebs stellen: Einer besteigt Berge in entlegenen Erdenwinkeln, weil er diese Herausforderung seiner Physis bis an die Leistungsgrenze sowie die Herausforderung der Achttausender zum Lebensinhalt machen wollte und so aus sich eine *Sensation* verfertigt hat; ein anderer kapriziert sich aufs Schachspiel, weil er meint, er müßte Weltmeister werden – und die ganze Nation würdigt seine exklusive Sensibilität; wieder andere beglücken zuerst sich und dann die sportbetrachtende Menschheit mit ihren Ski-Künsten, die sie das ganze Jahr über pflegen, damit sie dann mit geeigneter Statur Berge herunterfahren mit Geschwindigkeiten, die sonst denen vorbehalten sind, die 70 Runden im Kreis herumfahren. Vom gewöhnlichen Menschen, der zum Beweis irgendeiner *Einmaligkeit* Wetten verrücktester Art abschließt, bis zum albernen Eintrag im „Buch der Weltrekorde" gibt es ein breites Spektrum recht bornierter Individuen, deren Wunsch, sich *auszuzeichnen,* honoriert wird in einer Gesellschaft, in der auch die Unterhaltung über *Vorbilder* läuft, weil sich jeder viel zu gewöhnlich vorkommt. Die krampfhaften Versuche, den eigenen Geist zu Erfindungen in Sachen Weltanschauung anzustacheln, die jedem Gedanken spotten, dafür aber neu und *originell* sind, werden ebenso zu Schlagern der Buchmesse, wie sich ein sadistischer Mordbube, wenn er nur ausgefallen genug an seinen Opfern herumschnitzelt, der herzlichsten Aufmerksamkeit erfreuen kann. Und um der schieren Aufmerksamkeit, die sich bei jeder Extravaganz leicht einstellt, verfallen Jugendliche darauf, ihre Kleidung und Haartracht zum Siegel ihrer von der „Masse" abstechenden Lebenshaltung zu machen; sie rennen als „Popper" oder „Punker" durch die Gegend, gehen in ihrer Selbstdarstellung so sehr auf, daß sie sich wechselseitig verprügeln, und beweisen damit, welchen *Sinn* sie *exklusiv* beanspruchen. Nicht minder auf ihre Besonderheit bedacht zeigen sich Leute, die sich in ständiger Antizipation der Quälereien beim Umgang mit dem anderen Geschlecht kein Gefühl für dasselbe mehr leisten wollen oder es gar nicht erst entwickeln, weil sie rechtzeitig auf homosexuellen Geschmack gebracht worden und dabei geblieben sind. Ihnen ist als die passende Antwort auf die strafrechtliche Behandlung und moralische Verurteilung erstens ein flotter Kultus ihrer erlesenen „Natur" eingefallen, mit dem sie sich selbst ihre außerordentliche Gabe zur nicht-repressiven Liebe vorgeführt haben; und zweitens sind sie seit geraumer Zeit damit befaßt, Ideologien über ihre Variante des Rechts auf Glück unter die Leute zu bringen und eine „Bewegung" zu stiften, deren ganzer Inhalt eben ihre höchstpersönlichen Neigungen sind, aufgrund deren sie sich als besserer Teil der Menschheit präsentieren.

2.

Die andere Abteilung: das Verfahren, die eigenen Schwächen zum Ausweis einer unbedingt zu respektierenden Sorte Mensch herzunehmen, sich in aller Selbstdenunziation einen einmaligen Vorzug zuzusprechen, kann in der bürgerlichen Gesellschaft einen Erfolg verzeichnen, der die Selbstbehauptungskünstler als recht harmlose Randerscheinung verblassen läßt. Der *christliche Wahn,* zutiefst in Sünden verstrickt zu sein, mit seiner heuchlerischen Demut, die ungebrochen den Anspruch auf die Bekämpfung des Materialismus an sich und vor allem bei anderen anmeldet, gilt gar nicht erst als etwas Besonderes, sondern als eine Ausführung *der* humanen Gesinnung schlechthin. Mit ihr kehrt sich die Unterwerfungsbereitschaft des modernen Bürgers gegen jede andere Besonderheit, ob national oder nicht, und geißelt in ihr stets eine Gefahr, die jedem und allen daraus erwächst, daß sich irgendwer die Frechheit herausnimmt, die *Verantwortung* für alles Negative zu leugnen und etwas „Positives" nicht mit dem tiefsten Ausdruck des Dankes für unverdientes Wohl zu bedenken.

Christen beharren nicht einfach darauf, mitzumachen, also gute Bürger zu sein. Sie bewähren sich als Saubermänner der göttlichen wie weltlichen Herrschaft, was immer auf deren Perfektion hinausläuft. Diese liegt ihnen besonders auf seiten der Regierten in der Welt am Herzen: kein Interesse und Bedürfnis entzieht sich ihrer kritischen Begutachtung, die durchaus psychologisch verläuft. Stets wird nämlich die religiöse Anthropologie bemüht, vom „nicht vom Brot allein" bis zu Verdammungen der „Hybris" des Gedankens, so daß weder das Fressen noch das Wissen dem Individuum zur Findung seines eigentlichen Menschentums gereicht und die *Moralität* immer als das höchste *Glück* erscheint. (Und mehr ist an der Idee des Glücks auch wirklich nicht dran!) Die Demonstration der gläubigen Einfalt ist keine der Rechtschaffenheit, sondern immer eine des *Glücks,* das mit Papst, Liturgie, freudiger Entsagung sowie dem *Bekenntnis zur Ohnmacht* über die Menschheit hereinbricht. Die Charaktermaske selbst kürt sich da zum Ideal, und jeder, der sich nicht selbst der Technik der herzzerreißenden Bekenntnisse zur eigenen *Unzulänglichkeit* befleißigt, fällt dieser Mehrheit (Demokratie!) sofort auf: er *will* nicht böse *sein,* also *ist* er es! Schließlich möchte er nicht *über*leben und *sich* als die einzige Gefahr dabei betrachten, sondern sich glatt als Zweck statt als Werkzeug in Szene setzen. Wer mit sich selbst nicht *ins Gericht* gehen will, hat eben wegen der modernen Notwendigkeit eines alten Glaubens für „den Menschen" alle Menschenwürde verspielt. In der Gehässigkeit, mit der christliche Pfaffen und Kultusminister orangefarben gekleidete Buddha-Jünger am liebsten als jugendgefährdend verbieten möchten, obgleich ihr Papst, Gegenstand der dümmsten Verehrung, wie eine Vereinsfahne durch die Welt gefahren wird, gestehen Christen ein, daß der Unterschied zu den kongenialen Lehren ein *funktioneller* ist. Es geht um den *Dienst*, den die zum Glaubensgebäude aufgeblasene Psychologie leistet; und deswegen müssen sich auch brave Revisionisten mit ihren Gesängen, Helden, Märtyrern und Bekenntnissen den harten Vorwurf gefallen lassen, sie seien eine Ersatzreligion.

3.

Nicht anerkannt, sondern geächtet und bemitleidet wird ein Mensch in seiner Freiheit zum Wahn, wenn und soweit er in dessen Praktizierung den praktischen Respekt vor den Ansprüchen der bürgerlichen Welt auf Tauglichkeit ihrer Mitglieder vermissen läßt. Denn nicht am Inhalt des Spleens, dem einer sein Dasein widmet, entscheidet es sich, ob die demokratische Gesellschaft auf ihn prinzipiell als einen ihrer „Leistungsträger" zählt, und auch nicht an der Sturheit, mit der einer sein Leben als die Verwirklichung gewisser seiner Phantasie entsprungener Aufgaben deutet und einrichtet. Um mit seinem Seelenleben ein *Fall* zu werden, auf den die Kriterien der Brauchbarkeit nur mehr negativ Anwendung finden, muß ein Mensch schon so radikal werden in seinem stets enttäuschten Streben nach Anerkennung seiner eingebildeten Besonderheit, daß er sich in deren Namen

auch noch über jede tatsächlich gezollte Anerkennung entschlossen hinwegsetzt, seinen bürgerlichen Alltag als Sphäre und Kriterium seiner Bewährung negiert und stattdessen einen *neuen Alltag* gemäß den Desideraten seiner phantastischen Individualität erfindet, nach deren Anforderungen und Verheißungen er sich fortan ausschließlich richtet: er macht sich mit Erfolg *verrückt.*
Der Verrückte hat sich freigemacht von dem für ihn und die Mehrheit seiner Mitmenschen so hoffnungslos illusionären Wunsch, die wirklichen Umstände möchten sich seinem Streben nach „Selbstverwirklichung" als williges Material fügen – allerdings nur zugunsten der Freiheit, in seiner Phantasie die ersehnte Gleichung zwischen der Welt einerseits, den ausgedachten Defekten und beanspruchten Fähigkeiten des eigenen Ich andererseits unwidersprechlich und unwiderruflich herzustellen und in seiner Lebensführung wahr werden zu lassen. Die betrübten oder hoffnungsfrohen Tagträume, denen jeder rechtschaffene Mensch in seiner Enttäuschung über die „harten Fakten" der kapitalistischen Welt nachhängt; die Identifizierung mit einem Vorbild, wie sie jedem nach „Orientierung" fragenden Menschen als Mittel zur „Selbstfindung" ans Herz gelegt wird; diese trostlosen Tröstungen des gutbürgerlichen Alltagslebens, in denen die normalen Menschen *neben* ihren wirklichen Pflichten und Taten und im Interesse eines produktiven Einverständnisses mit denselben den Schein pflegen, sie wären der eigentliche Mittelpunkt des Weltgetriebes – all das entziehen die Verrückten *für sich* der Blamage durch die tatsächlichen Anforderungen und eigenen Leistungen, die im normalen Leben unausweichlich auf dem Fuße folgt. Mit dem täglich widerlegten bürgerlichen Ideal der Emanzipation von „Fremdbestimmung" macht ein moderner Verrückter Ernst, indem er vor dem Forum seines höchstpersönlichen Urteils dem eigenen Bild von sich und der Welt lauter praktische Triumphe über die Objektivität verschafft – um den Preis definitiver Unbrauchbarkeit für die Welt, um deren Anerkennung es ihm doch zu tun war.
Und sogar noch *in* seinem Wahn zu tun *ist.* Denn ihre Herkunft aus den Veranstaltungen psychologisch perfektionierter *Berechnung* ist den landläufigen Neurosen und Psychopathien nicht ohne Grund durchaus noch anzumerken. Da gibt es Menschen, die in ihren „Phobien", „Regressionen" und „krankhaften Minderwertigkeitskomplexen" der Mitwelt ihre unbeherrschbare, „zwanghafte" *„Unfähigkeit"* demonstrieren, den normalen Anforderungen in puncto „Selbstbeherrschung" zu genügen, sich also mit Haut und Haaren unter die Spekulation auf jenes Moment von Anerkennung subsumieren, das noch im abschätzigen Mitleid in Form einer Generalabsolution enthalten ist. Und ebenso wie sich im Gewissen und seiner psychologischen Verfeinerung auf dem Höhepunkt beschämter Selbst-

verurteilung wie von selbst die unverschämte Selbstsicherheit des nur dem eigenen Urteil unterworfenen, weil „einmaligen" Individuums einstellt, so gehört zum „depressiven" nicht bloß das „manische Irresein", sondern ebensogut das Wahnsinnsunternehmen, die wirkliche Welt mit ihren Vorschriften und Verboten vor der eingebildeten *Übermacht* des eigenen wahren Ich auch praktisch zu blamieren. Die „harmlosen" UNO-Chefs und wiedergeborenen Jesusse, die so energisch auf dem Respekt ihrer Umgebung bestehen (und lauter praktische Beweise dafür liefern, daß die Verrückten mit ihrem Erfindungsreichtum in Sachen Spinnerei dem Pluralismus anerkannter Idiotien des bürgerlichen Geisteslebens nicht entfernt das Wasser reichen können), realisieren ebenso ihr exklusives Ideal ihrer nur ihnen selbst bekannten wahren Brauch*barkeit* wie ihre Kollegen aus den geschlossenen Abteilungen, die den Beweis ihrer eingebildeten Meisterschaft über die Welt mit meist sehr zielstrebigen „Aggressionen" gegen ihre Mitmenschen antreten und von Justiz und Psychologie ausgerechnet als „*Trieb*täter" rubriziert werden. Über das Panoptikum verrückter Übertreibungen des normalen Kampfes der Charaktere um ihre Anerkennung, deren der bürgerliche Verstand mächtig ist, über die verschiedenen Grade ihrer Emanzipation von der Welt und über die Mischungen zwischen ihren Alternativen informiert jedes Lehrbuch der Psychiatrie mit den stereotypen – und stets nur höchst „vorläufigen" – Unterscheidungen zwischen Neurosen und Psychosen, „hyperthymischen, depressiven, selbstunsicheren, fanatischen, geltungsbedürftigen, stimmungslabilen, explosiblen, gemütslosen, willenslosen, asthenischen" oder auch „schizoiden, zykloiden, explosiven, reizbaren u. a. Psychopathen", ohne die banale Wahrheit des Wahnsinns auch nur ahnen zu lassen. Tatsächlich sind dessen Erscheinungsformen ja nichts als eine aufs Prinzip verkürzte Enzyklopädie der Leistungen eines abstrakt freien Willens. So wie den Gehorsam, die Unterwerfung unter die Regelungen einer Herrschaft, die als menschenfreundliche und menschenwürdige Ordnung verstanden sein will, nur einer zu seiner Gewohnheit machen kann, der *sich* am Kriterium des *Anstands mißt*, seinen Stolz in die höchstpersönliche Aneignung und Ausbildung aller Techniken demonstrativer *Unterwürfigkeit* legt und damit seinen übriggebliebenen „Egoismus" als dermaßen minderwertig beurteilt, daß der Weg bis zum manifesten *Minderwertigkeitskomplex* überhaupt nicht mehr weit ist, ganz ebenso hält den tagtäglich praktizierten Leistungsvergleich ein denkendes Subjekt nur aus, wenn es sich den dadurch vorgeschriebenen *Weg zum Erfolg* zu seinem Lebenszweck macht, sich dementsprechend nach seiner hierbei bewiesenen *Tüchtigkeit* beurteilt und sich auf deren offenkundiges oder zu Unrecht nicht offenkundig gewordenes Ausmaß dermaßen viel einbildet, daß er mit der Demonstration dieser Einbildung ganz folgerichtig

beim *Größenwahn* landet. So hart der Weg zurück von den radikalen Alternativen eines bürgerlichen Selbstbewußtseins zu seinen funktionalen Betätigungsweisen ist, so wenig brauchen sich umgekehrt die Irrenhäuser um Nachschub aus der Welt des erfolgreichen Anstands zu sorgen.
Die Verrückten werden nämlich ganz gewiß dadurch nicht weniger, daß die Kandidaten fürs Ausflippen mittlerweile in großer Zahl Mittel und Wege gefunden haben, die *Wirkungen* des Wahnsinns an sich herzustellen, ohne sich mit unwiderruflicher Entschlossenheit auf die Leugnung des Unterschieds zwischen der normalen und der eingebildeten Realität zu konzentrieren. Auch in seiner eigenen Betäubung durch Drogen ist der um seine Selbstbehauptung ringende Verstand bestrebt, seinen Träumen von sich eine Realität zu verschaffen, die deren praktischer Widerlegung durch den Alltag wenigstens eine Zeitlang standhält. Daß das wahnhafte Glücksgefühl, weil pharmakologisch erzeugt, *neben* den durchaus realitätsbezogenen Berechnungen des Verstandes existiert, ist ein „Vorteil" gegenüber der Verrücktheit, der allerdings in der Sucht seinen Preis hat. Der gewohnheitsmäßig in die Tat umgesetzte Entschluß, die aus der gepflegten eigenen Individualität herausgesponnene Phantasiewelt mit der Unwidersprechlichkeit eines objektiven Faktums auszustatten, macht sich ganz logischerweise für das Subjekt in seinen Momenten wacher Berechnung in dem Maße als Zwang geltend, wie es eben seinen psychischen und physischen „Haushalt" dieser Gewohnheit unterworfen hat. Ganz abgesehen von der anderen Ironie, die sich gegen den Drogensüchtigen noch allemal geltend macht: so wie die Wahnvorstellungen des modernen Verrückten, so sind auch seine Glückseligkeiten eben keine anderen als die der eingebildeten Selbstbehauptung seines ach so verzwickten Charakters.

4.

Wo der bürgerliche Verstand sich der Verrücktheit wissenschaftlich annimmt, interessiert ihn weniger die spezifische Leistung des „kranken" *Geistes,* als das untrügliche *Resultat:* die Unbrauchbarkeit des Individuums, die er mit dem negativen Grund „gestört" hinreichend charakterisiert haben möchte; da „mißlingt (!) dem Organismus die Verarbeitung der auftretenden Affekte", es „kommt zum mehr oder minder vollständigen Verlust (!) des Orientierungsvermögens in der realen Umwelt", zum „Verlust der innerlichen Einheitlichkeit der Person", und für manche Gelehrte liegt auch „die Vermutung nahe, daß es sich bei der Schizophrenie im Grunde um toxische Störungen des Zellstoffwechsels handeln könnte." Als verrückt gilt eben, wer – und ein jeder in dem Maße, wie er – fürs alltägliche Leben untauglich wird – und dieser *Maßstab der Funktionalität* kann über alle methodische Debatten darüber, was eigentlich „normal" sei, seine eigene Tauglichkeit stets leicht beweisen. Da brauchen die Unterschiede zwischen einem normalen Techniker der bürgerlichen Moral, einem frei herumlaufenden Neurotiker und einem klinischen Fall ebenso wenig zu interessieren wie die Gemeinsamkeit der ihnen eigentümlichen Verstandesleistungen. Die Leistung des Psychopathen, der sich seines freien Willens begibt, indem er sich praktisch gemäß seiner Selbstdeutung aufführt, verrät dann einem Fachmann lediglich noch ihren „Gegensatz" gegen die bürgerliche „Vernunft", und die Idiotien des gewöhnlichen, an sich leidenden und allerlei solipsistischen Schwachheiten gewogenen Verstandes erscheinen als die größten Selbstverständlichkeiten eines intakten Geistes. Daß sich einer im Mitmischen bewähren könne, erscheint deshalb den Vertretern der klinischen Psychologie als ein äußerst humanes Ziel ihres Wirkens, ungeachtet der Tatsache, daß ihre Klienten eben ihren ganzen Ehrgeiz in die Trennung ihrer Selbstbehauptungspraxis von deren nützlicher Unterordnung unter die Gebote der Gesellschaft legen, der sie gemeinsam mit so gut wie allen anderen Individuen das Bedürfnis nach einer Extra-Tour des Beharrens auf sich abgelauscht haben wollen – was ihnen ausgerechnet „sozial" orientierte Männer der Zunft als *Protest* anrechnen.

Die Wissenschaft von der Verrücktheit will eben diesen *Zusammenhang* zwischen den Vorstellungswelten einer normalen bürgerlichen Charaktermaske und den Wahnwelten jener Minderheit, die ihre Moralität nur noch durch die Emanzipation von ihrer Funktionalität retten kann, nicht gelten lassen, wenn sie den Wahn der Normalität als funktionelles Gegenteil entgegensetzt. Unbekümmert um das Tautologische einer solchen „Erklärung" beharrt sie auf der „Funktionsstörung" als dem *Begriff* der Verrücktheit – und hält sich auf diesen Fehler auch noch viel zugute. Denn indem ihr so der Unterschied zwischen dem konsequent „erfolgreichen" Wahn des moralischen Verstandes und Verletzungen oder Krankheiten des Gehirns und deren Folgen tatsächlich entschwindet, setzt sie als *Psychiatrie* ihren Stolz in das tausendjährige *Ethos des Helfens und Heilens* und definiert Verrücktheiten aller Art und jeden Kalibers als *Krankheiten*. Daß sie im selben Atemzug mit der Kennzeichnung dieser „Krankheiten" als „endogen" ihr Nichtwissen darüber zu Protokoll gibt, inwiefern es sich um tatsächliche Krankheiten handeln soll – „Wenn man also heute von ‚endogenen' Geistesstörungen spricht, so meint man damit zunächst nur ‚Geistesstörungen unbekannter Genese' " –, beeinträchtigt nicht im geringsten ihre Gewißheit, daß ihr Publikum eben an „krankhaften Funktionsstörungen" leide. Und entsprechend nimmt sie sich, theoretisch wie praktisch, ihrer „Patienten" an.

Auf der einen Seite ist die Psychiatrie sich mit ihrer Kundschaft von vornherein im wichtigsten Punkt *einig:* Wo der Verrückte sich unter eine eingebildete Determination seines Denkens, Fühlens, Wollens und Tuns so konsequent subsumiert, daß er sich als Subjekt dieser Subsumtion mit allen Kräften verleugnet, da bescheinigt die Wissenschaft ihm die tatsächliche Existenz eines objektiven Zwangs von der Art und vor allem von der Unwidersprechlichkeit eines Tumors im Gehirn – ohne sich für diese hochwissenschaftliche Diagnose indessen auf einen wirklich dingfest gemachten Krankheitskeim zu berufen, ja ohne sich überhaupt auf einen anderen Beweis für eine „unpersönliche Macht" im „Innern" des verrückten Trachtens je berufen zu *können* als: *das Zeugnis des Verrückten selbst.* Auf der anderen Seite nimmt der wissenschaftliche Verstand die Einbildungen des „gestörten" Geistes keineswegs für bare Münze: Wer im Verdacht der Verrücktheit steht, dem werden *seine* Überlegungen zu sich und der Weltlage prinzipiell nicht abgenommen, selbst wenn da mal einer zufällig etwas gemerkt haben sollte (dann sogar mit Sicherheit am allerwenigsten!). *Gegen* die Selbstdeutungen des Verrückten begibt die Psychiatrie sich, unangefochten von ihrem stets erneuerten Mißerfolg, auf die Suche nach dem „wirklichen" Grund jener „inneren" Übermacht, die sie ihrem Patienten als objektive Determination seines Seelenlebens konzediert hat. Und in dem gemeinsamen Zynismus eines quasi-medizinischen Hilfsversprechens, das den Kampf des Verrückten gegen die Freiheit seines Willens gar nicht mehr zur Kenntnis nimmt, sondern von der Nicht-Existenz seines freien Willens *ausgeht,* scheiden sich die Schulen der Seelenheilkunde voneinander:

– Die einen richten ihren psychiatrischen Glauben auf handfeste physiologische Ursachen des „endogenen" Wahnsinns und greifen mit ironischer Folgerichtigkeit zu Therapien, die doch nichts anderes leisten sollen, leisten können und in der Regel auch tatsächlich leisten als dies, den dysfunktionalen Willen mit physiologischen Mitteln – von Kaltwasserduschen und Stromstößen bis zu den „eleganteren" Chemikalien der Pharma-Branche – *lahmzulegen.*

– Andere nutzen die Erfindungen der Tiefenpsychologie, um den Verrückten auf dem Wege der Übersetzung – im Zweifelsfall ins Sexuelle – ihre jeweilige Wahnwelt nachzufühlen, und drangsalieren ihre Patienten, in der Attitüde tiefsten Verständnisses, mit ihrem „Angebot" einer alternativen Wahnwelt, in der Vater, Mutter und Penis die Hauptrollen spielen und die als gelungene „Erlösung" gefeiert sein will, wenn der Verrückte sich ihr anbequemt und dabei zu ein paar tauglichen Gewohnheiten zurückkehrt.

– Verhaltenstherapeutische Dressurversuche an der „black box" haben auch schon mal einen Erfolg dieser Art zu verzeichnen – und zwar eben-

falls nur, weil das Gegenteil ihrer theoretischen Prämisse wahr ist: die dargebotenen „Reize" provozieren die Reste von *Berechnung,* die der Verrückte in seiner Absonderung von der Welt der Berechnung noch anstellt.
– Und weil aufs Ganze gesehen alle diese „Hilfsangebote" sich vor ihrem eigenen medizinischen Ethos zutiefst blamieren, gibt es inzwischen auch eine Fraktion innerhalb der Psychiatrie, die sich selbst als „Antipsychiatrie" begreift, weil sie die geistige Verfassung ihrer „Patienten" in voller Übereinstimmung mit der Zunft als Determination des absonderlichen Geistes sehen will, aber ohne das Moment der Verurteilung, das in der Kennzeichnung der „Absonderlichkeit" als Krankheit enthalten ist. Unbekümmert um den Gegensatz zur Alltagswelt, den der verrückte Verstand in seinem Wahn auch praktisch aufmacht, wollen die Antipsychiater dessen Einbildungen als durchaus respektable individuelle Extravaganz, wenn nicht Wehrhaftigkeit, *gewürdigt* sehen.
Die antipsychiatrische Ehrfurcht vor dem Wahnsinn ist selbstredend ebenso wie dessen tiefenpsychologische Ausdeutung über die Zunftschranken der Psychiatrie hinaus bestens geeignet für die *weltanschauliche* Befassung mit dem „Phänomen" der Verrücktheit. Weil der bürgerliche Verstand ohnehin psychologisch rätselnd zu seinen Hervorbringungen steht, läßt er sich allemal leicht und gern durch die Gleichung zwischen Wahnsinn und Tiefsinn dazu verlocken, sich auch noch an der Verrücktheit als philosophischer Schmarotzer zu betätigen und ihr Beweiskraft für die eigenen „Sinnfragen" anzudichten. Beschleicht ihn dann gerechterweise die Angst, ihn selber könnten ebenfalls unversehens die „hintergründigen Mächte" des Wahnsinns befallen – dann hat der tiefsinnige Verstand schon die erste Etappe auf dem philosophischen Königsweg zur Verrücktheit zurückgelegt. Denn schließlich und nochmals: Verrückt wird nur, wer sich im Vergleich zu seinem selbstgemachten Charakterideal bloß noch *gegen* die Wirklichkeit *selbst* gefallen mag.

§ 12

Der *Abschied* der Persönlichkeit aus der bürgerlichen Welt wird von nicht wenigen, die ihr gewachsen sein wollen, es aber nicht sind, einfacher bewerkstelligt als über die selbstquälerischen Verfahrensweisen der Pychopathologie: *sie bringen sich um*, ohne zuvor groß auf Verständnis für ihre Selbstzerstörung zu beharren — sei es bei den psychologischen Amateuren in ihrer Umgebung oder bei den Professionellen. Die Vollstreckung des Urteils, das eine auf den Beweis ihrer Rechtschaffenheit orientierte Individualität fällt, wenn sie scheitert, ist eine psycho-logische Konsequenz, die bankrotte Kapitalisten, schlechte Schüler und Studenten, enttäuschte und auswärts Vater gewordene Ehegatten sowie liebesbekümmerte Teenager ziehen. Und der Entschluß, nicht mehr leben zu wollen, ist mit dem *Scheitern* keineswegs begründet: man muß schon die Maßstäbe der bürgerlichen Moral ohne jegliche Distanz, also ohne ihre ,,Verwendung" im Auge zu haben, auf sich anwenden, um sich aus der Welt zu schaffen. Dabei kommen *alle* Momente für den ,,Übergang" in Frage, die eine moralische Subjektivität so auszeichnen, wenngleich die aus der Privatsphäre stammenden Motive überwiegen, weil dort die Enttäuschungen das Individuum mit seinen hohen Glückserwartungen am härtesten berühren.

Im Selbstmord, der auch ,,Freitod" heißt, vollzieht der abstrakt freie Wille seine ,,ultima ratio" und bringt zum Entsetzen der Hinterbliebenen seine Irrationalität der Menschheit vor die Sinne: noch dann, wenn die Deutung des eigenen Versagens, das verrückt gewordene Gewissen dem Individuum ,,gebietet", sich zu richten, verfährt es per Vorwarnung und Abschiedsbrief *berechnend* und startet eine letzte Offensive. Daß es von dieser Berechnung, die den anderen ans Gewissen gehen soll, nichts hat, mag als Erinnerung an den eingangs erwähnten Spruch dienen, in denen von Abstraktionen die Rede ist, die in der Wirklichkeit geltend gemacht werden ...

1.

Zweifellos ist der Selbstmörder ein *Opfer* – bloß ist diese Feststellung dann eine sehr dumme Ideologie, wenn sie keine Auskunft darüber gibt, *wessen* Opfer er ist. Die „gesellschaftlichen Verhältnisse" jedenfalls sind es nicht, die dem Selbstmörder die Hand führen: immerhin kommt es auch bei allem erdenklichen Jammer und Elend noch darauf an, *welchen Schluß* der Betroffene daraus zieht. Und um von welchem Ausgangspunkt auch immer zu der Konsequenz zu gelangen, man selber gehörte nicht mehr auf diese Welt, bedarf es schon einer reichlich verrückten Folgerichtigkeit. Schließlich ist es ja nicht bloß das matte Urteil, das Leben *lohnte* sich nicht mehr, das der Selbstmörder an sich vollstreckt, denn lohnen dürfte sich das Tot-Sein ja noch viel weniger. Der Selbstmordkandidat mißt sein Leben mit radikaler Borniertheit an einer höchstpersönlichen Vorstellung von gewissen Bedingungen, unter denen sein Leben überhaupt und allein lebens*wert* wäre. Was er an Gründen für seinen geplanten Richtspruch über sich selbst anführen mag, vom fehlgeschlagenen Examen und der/dem fortgelaufenen Liebsten über die mißratenen Kinder, beruflichen Mißerfolg oder die Angst vor dem Auffliegen krummer Machenschaften im Geschäfts- oder Eheleben bis hin zur drohenden oder tatsächlichen Beendigung der gewohnten Lebensweise oder einem allgemeinen Jammer über die Lieblosigkeit der Welt, das wird zu einem Grund, das eigene Leben zu beenden, erst dadurch, daß er es zu *Argumenten gegen sich* erklärt: zu Beweisen für das Ungenügen der eigenen Person vor einem Maßstab von *Tauglichkeit,* dem er sich ohne Rest unterwerfen will. Er ist also nicht einfach an seinen Lebensumständen oder am Willen anderer Leute gescheitert: Der Selbstmordkandidat *befindet* sein höchstpersönliches *moralisches Lebensprogramm,* in dem allein er *sich selbst gefallen* will, für gescheitert und fortan undurchführbar – aber ohne auch nur im geringsten an den Kriterien irre zu werden, als deren Charaktermaske er einzig und allein sich selbst gelten lassen und sogar überhaupt leben will. Es ist also ein ohne Abstriche und ohne die üblichen Vorbehalte bürgerlicher Lebenstüchtigkeit ernstgenommener *Idealismus des gelungenen moralischen Charakters,* vor dessen verrückten Ansprüchen der Kandidat nur noch eine Chance sieht zu bestehen, nämlich indem er in aller Freiheit sich diesem Idealismus *zum Opfer bringt: nur noch so mag er sich gefallen.* An Brutalität kommt dieser konsequente Moralismus dem nationalsozialistischen Programm der „Euthanasie" im Interesse der Rassenreinheit des Volkscharakters ohne weiteres gleich; gegen sich selbst gewendet, dient dem Selbstmörder seine konsequente Grausamkeit als sein letztes und äußerstes Mittel, die Gültigkeit seines *Ideals* gelungener Selbstbehauptung gegen dessen praktische Widerlegung in der eigenen Person zu beweisen und so die Verrücktheit

selbst zu retten, in die er seine gesamte *Ehre* gesetzt hat.
Zu solcher Konsequenz in der Unterwerfung unter das selbstfabrizierte Charakterprogramm sind bürgerliche Individuen aus allen Klassen und Schichten, politischen und weltanschaulichen „Lagern", „unemanzipierten" Kleinfamilien wie „fortschrittlichen" Wohngemeinschaften gleichermaßen fähig. Denn Grundlage und Inhalt des Plans, sich selbst aus der Welt zu entfernen, ist der *allgemeine moralische Idealismus* der Klassengesellschaft. Und daß ein jeder diesen Idealismus auf seine besondere Tour vertritt, auf die er sich wer weiß wie viel einbildet – und die er vor allem allemal für eine sehr erhabene *Kritik* der herrschenden „Charakterlosigkeit" und „Doppelmoral" hält –, ist die beste Garantie dafür, daß sich auch ein jeder in dem stolzen Bewußtsein, einen ganz einzigartigen Lebensweg zu beschreiten, zu der überhaupt nicht einzigartigen Konsequenz mörderischer Selbstkritik hinarbeiten kann, die in *jedem* moralischen Idealismus enthalten ist, aber auch *nur* aus moralischem Idealismus folgt.

2.
Von keiner moralischen Spinnerei des bürgerlichen Individuums wird so viel Aufhebens gemacht wie von geplantem, versuchtem und vollendetem Selbstmord. Theoretisch sind Selbstmordgedanken jedermann vertraut, weil jeder sich im Laufe seines Lebens gelegentlich vor den Maximen charaktervoller Selbststilisierung *schämt* – und Scham ist nun einmal *das* „Argument" des Selbstmords. So *bewundert* der „normale" Mensch, der eben darin „normal" ist, daß er mit seinen Selbstbezichtigungen pragmatisch verfährt, im Praktiker des zerstörten Ehrgefühls eine Prinzipienfestigkeit, die er für sich selbst nicht ganz ohne schlechtes Gewissen für unpassend erklärt. Auch wenn einer einschlägigen Glanztat die Anerkennung versagt wird, mit Begründungen der Art, das hätte es a) bei dieser sonst so gefestigten Persönlichkeit b) aus diesem relativ nichtigen Anlaß c) zum jetzigen Zeitpunkt nicht „gebraucht", so macht der vom Selbstmörder angetretene Beweis, wieviel ihm seine uneingeschränkte „Selbstachtung" wert ist, doch allemal Eindruck. Die Hinterbliebenen, und wer auch immer sich sonst für betroffen halten will, sind bescheuert genug, ihre eigene Charakterfestigkeit mit der des so beweiskräftig Hingeschiedenen zu vergleichen und sich zu fragen, ob sie vielleicht der Tiefe und Feinheit seines Charakters und den darin enthaltenen subtilen moralischen Ansprüchen an die Welt *nicht gerecht* geworden sind und was sie wohl „falsch gemacht" haben. In ihren Anstrengungen, sich mit Räsonnements über eine ganz individuelle Lebensuntüchtigkeit des „Opfers" regelmäßig bis zur Verachtung vorzuarbeiten, um sich in diesem Punkt ein gutes Gewissen zu verschaffen – „Der hat sich ja von niemandem *helfen lassen!*" –, erweisen sie

dessen verrücktem Materialismus die letzte Ehre.
Diese alberne Ehrerbietung ist natürlich die passende Grundlage dafür, daß die bürgerliche Öffentlichkeit Berichte über dramatische Selbstmorde mit genußvollem Schauder quittiert und sich gerne mit der Lüge, so ein „Freitod" gäbe dem Publikum doch allerhand „zu denken", kulturell unterhalten läßt. Der „Frage nach dem Sinn des Lebens" fühlt der mitfühlende Beobachter sich ganz nahe – zu Recht, denn dieser Idiotie hat da ja gerade einer seinen letzten Tribut gezollt; nur ist es das gerade nicht, was ein moralisch indoktrinierter Intellekt dem „Opfer" des Selbstmörders entnimmt. Philosophen und Pfaffen, und zwar die Professionellen wie die Amateure, haben schon gar keine Schwierigkeiten, wie von jeder bürgerlichen Wahnsinnstat, so auch und erst recht vom Selbstmord ideologisch zu schmarotzen, indem sie ihn zum mißglückten oder – seltener – sogar geglückten Musterbeispiel für den „existenziellen Ernstfall" aufblasen und so die letzte Trübseligkeit bürgerlicher Selbstbehauptung per Selbstzerstörung zur Gelegenheit für den Genuß ihrer langweiligen „letzten Fragen" zubereiten. Und während die christlichen Kirchen den Selbstmord verurteilen, weil sie ausgerechnet darin einen äußersten Mangel an moralischer Bereitschaft zu geduldigem Aushalten des Lebens erblicken und im Namen ihrer frommen Gottesknechtschaft die Selbstvernichtung als ein letztes radikales Aufbäumen des Materialismus und der hybriden Zügellosigkeit des Menschen deuten, ist die kritische Linke – nicht erst seit „Mutter Krauses Fahrt ins Glück"! – so frei, wie in jeder bürgerlichen Scheiße so auch im proletarischen Jugendlichen- oder sonstigen „Randgruppen"-Selbstmord einen fehlgeleiteten, aber „eigentlich" revolutionären Protest gegen die Fühllosigkeit des Kapitalismus aufzudecken.

3.

Daß die Hinterbliebenen eines Selbstmörders sich aus dessen Verzweiflungstat ein Gewissen machen, ist einem Selbstmordkandidaten am allerwenigsten ein Geheimnis. Und so gibt nicht bloß die Vielzahl von auf rechtzeitige Entdeckung hin arrangierten „Selbstmord"-Versuchen und die Übung der Abschiedsbriefe Auskunft über die Sorte *Berechnung,* die ein bürgerliches Individuum auch dann noch zustandebringt, wenn es an seinem moralischen Lebensprogramm verzweifelt. Mit seiner bornierten Radikalität setzt der Selbstmordkandidat sich selbst und sein Lebensideal abschließend und unwidersprechlich ins Recht und behält so das letzte Wort gegen alle, die ihm nicht genügend Anerkennung haben zuteil werden lassen oder sich doch im Nachhinein diesen Vorwurf machen. Und so ist seine Tat nicht nur eine endgültige Abrechnung mit sich, sondern zugleich eine letzte Offensive im Kampf um die *Anerkennung* des eigenen besonderen

Charakters, nämlich eine letzte, nicht mehr zu widerlegende Kompensation für entgangene Anerkennung, die sich von jeder Hoffnung auf einen wirklichen Vorteil freigemacht hat, sich bloß noch am vorgestellten Entsetzen der anderen schadlos halten will und insofern an *kleinlicher Gehässigkeit* gar nicht mehr zu überbieten ist. Mit der abschließenden Ratifizierung des Idealismus, dem der Selbstmordkandidat seine Existenz unterworfen hat, tritt eben auch der Zweck dieses Idealismus, *das* Mittel und der praktische Inbegriff eines gegen alles und jeden *defensiven* Selbstbehauptungswillens zu sein, in all seiner Armseligkeit und Schäbigkeit abschließend in Kraft.

SICH SELBST BESIEGEN IST DER GRÖSSTE SIEG

sagt die Psychologie und täuscht sich in diesem Punkt genauso wie in ihrem Dogma für Friedenszeiten, das da lautet:

SICH SELBST BEKRIEGEN IST DER SCHÖNSTE KRIEG

Wie bescheuert es ist, mit sich selbst in die Wolle zu geraten, ist in diesem reich illustrierten Buche ja hinreichend klargestellt. Wer Kriege eigentlich nie will, sie deshalb immerzu vorbereitet und nur im äußersten Notfall – nämlich dann, wenn der Feind sich alle friedlichen Avancen nicht mehr gefallen läßt – sein Volk aufmarschieren läßt, steht natürlich in einem ganz anderen Buch. Auch warum das so läuft, wie es mit dem Osten und dem Westen überhaupt so steht und – warum die Abneigung gegen die „autoritären" Regimes im Osten (das ist vielleicht eine Kennzeichnung!) überhaupt kein Argument zum Dafürsein im Westen ist.

Deshalb den gutgemeinten Rat an alle Freunde der psychologischen Kriegsführung:

BEHERRSCHT EUCH NICHT IMMER SELBST!

Tut doch wirklich einmal etwas für Eure Gesundheit und macht Euch den

IMPERIALISMUS

klar!

Bei der Begutachtung der bundesrepublikanischen Zustände eingangs der 80er Jahre ist viel von

PROBLEMEN

die Rede, die „uns alle" betreffen und die „wir alle" deshalb in der nächsten Zukunft zu meistern haben. Gerade, als ob *er* die Probleme erfunden hätte, die ihm *vorgesetzt* werden, bildet jeder kleine Mann (und sei er auch gebildet) sich ein, er sei das Subjekt des Weltgeschehens und seine Rechtschaffenheit dessen Maßstab – weshalb er auch diejenigen, die wirklich den Ton angeben in Staat und Geschäft, genau wie sich beurteilt: Gute oder weniger gute Absichten allenthalben, viele Schwierigkeiten und mehr oder minder Fähigkeiten, mit ihnen zurechtzukommen. Dem Größenwahn dieser Ansichtsweise entspricht die Umkehrung, die Bescheidenheit, die sich im Scheitern des ersten Maßstabs und seiner konsequenten Fortführung herstellt: Wenn „es" dann doch nicht nach den für zuständig erfabelten Richtlinien der Moral in der Politik zugeht, muß sich „der Mensch ändern", was eine große Aufgabe ist und zu der Frage überleitet „aber was kann ich denn machen?" Rhetorisch, wie die Frage ist, ergibt sich aus ihr nur eines: Alle kleinen und mittleren Verantwortlichen für die ganze Weltlage machen genau das, was sie sollen — nämlich alles mit.

Da hilft doch nur eines: es statt mit der hergestellten Übernahme von Sorgen, die einem egal sein können, und der in der Psychologie der Macht beflissenen Charakterkunde der Figuren, denen umgekehrt dieser Maßstab egal ist, einmal mit der Kenntnisnahme der

RESULTATE

zu probieren, die sich aus der Betrachtung der tatsächlich realisierten Zwecke in Politik, Wirtschaft und Gesellschaft der BRD 1980 ergeben. Dazu benötigt man nicht einmal ein Menschenbild, sondern nur 5 DM für die Nr. 1/Neufassung der gleichnamigen Zeitschrift:

Die Bundesrepublik Deutschland 1980 – und was Marxisten in den 80er Jahren an ihr zu ändern haben.